Für meinen Sohn, der seinen Namen
in diesem Buch wiederfinden kann

Verborgene Sprachschätze entdecken

Sprache ist in Bewegung, sie verändert sich: Neue Ausdrücke kommen hinzu, Rechtschreibregeln werden erneuert, Vorstellungen von „gutem Stil" wechseln. Es wird heute oft und gerne über neu eingeführte Wörter vor allem aus dem Englischen geklagt. Doch gab es in der Geschichte der deutschen Sprache schon mehrfach solche „Importe". Im 18. und 19. Jahrhundert waren es (wie schon im Mittelalter) vor allem französische Wörter, die übernommen wurden. Manche von ihnen sind heute fest im deutschen Sprachschatz verankert – man denke an ‚Etage' –, während andere schon wieder fast verschwunden sind, wie das Wort ‚Trottoir' für Bürgersteig. Ähnlich wird es den englischen Wortadaptionen gehen.

Allerdings muss nicht jedes Wort, das nicht mehr verwendet wird, damit auch verschwunden sein. Überraschend viele Wörter sind noch in anderen Zusammensetzungen, Eigennamen oder Nachbarsprachen zu finden. Es ist lohnend, diesen Spuren nachzugehen, weil die Suche nach vermeintlich – aber eben nicht ganz – vergessenen Wörtern viel über unsere Sprachgewohnheiten, über wechselnde kulturelle Interessen und über Ausdruckswandel verraten kann.

Dass Wörter verschwinden, hat es immer schon in allen Sprachen gegeben – so verglich etwa im ersten Jahrhundert v. Chr. der römische Dichter Horaz das Entstehen und Vergehen von Wörtern mit den Jahreszeiten der Natur: „Wie die Bäume mit ihren Blättern zur Jahresneige sich wandeln, ihre ersten abfallen, so sterben auch Wortveteranen, so blühen eben geborene Wörter und sind kräftig wie Jünglinge."[1]

Dieses Buch behandelt eine ganz bestimmte Art von „Wortveteranen": verschwundene Wörter des Mittelalters. Für Sprach- und Literarhistoriker ist diese Epoche besonders interessant, weil ab dem Frühmittelalter erstmals schriftliche Texte in deutscher Sprache auf Pergament festgehalten wurden. Wer also etwas über die Ursprünge unserer Sprache und Literatur, über die ersten deutschen Romane, die Anfänge der deutschen Lyrik und die dort verwendeten Wörter lernen möchte, der muss mit dem Mittelalter anfangen.

Die deutsche Sprache ist Teil der germanischen Sprachfamilie, zu der etwa auch das Englische, das Niederländische und die skandinavischen Sprachen gehören. Diese „Verwandtschaft" ist häufig offensichtlich (deutsch ‚Haus', englisch ‚house', schwedisch ‚hus'), aber auch wenn Wörter sich scheinbar nicht gleichen, kann ein Blick in die Nachbarsprachen helfen, um Verschiebungen im Gebrauch aufzuspüren. So gibt es etwa keine Gemeinsamkeit zwischen dem deutschen Wort ‚Hund' und dem englischen ‚dog'. Doch ein Hund hieß im Englischen nicht immer ‚dog' – lange Zeit war das Wort ‚hound' im Gebrauch (wie etwa in der Sherlock Holmes-Erzählung „The Hound of the Baskervilles"), und das hat dieselben Wurzeln wie unser Substantiv Hund.

Derartigen Fragen nach der Herkunft von Wörtern widmet sich die Etymologie. Beschäftigt man sich hingegen mit dem Wandel der Bedeutung (Semantik) eines Wortes im Lauf der Zeit, spricht die Wissenschaft von Historischer Semantik. Hier ist auch dieses Buch angesiedelt. Es ist daher sinnvoll, eingangs einige kurze Vorbemerkungen zu den verschiedenen historischen Sprachstufen des Deutschen zu geben.

Unser heutiges Deutsch bezeichnet man als Neuhochdeutsch oder Gegenwartsdeutsch. Es unterscheidet sich in vielen Aspekten von den Sprachstufen, in denen die Texte im Mittelalter und in der Frühen Neuzeit verfasst wurden. Sie lassen sich – sehr grob – in folgende Abschnitte einteilen:

ca. 750–1050 … Althochdeutsch
1050–1350 … Mittelhochdeutsch
1350–1650 … Frühneuhochdeutsch
ab 1650 … Neuhochdeutsch

Mit „Hochdeutsch" ist hier übrigens kein besonders „dialektfreies" Deutsch gemeint, wie man es heute oft der Gegend um Hannover zuspricht (bzw. die dortigen Einwohner es sich selbst zusprechen). Es geht vielmehr um die grundlegende Trennung von hochdeutschen Dialekten und niederdeutschen Dialekten – von Letzteren ist heute etwa noch das Plattdeutsche erhalten. Uns interessiert in diesem Buch die Zeit des Hochmittelalters und das Mittelhochdeutsche, das uns zunächst einmal sehr fremd ist. Es hat nichts zu tun mit der Fantasiesprache, die häufig in Mittelalterfilmen oder auf Mittelaltermärkten verwendet wird. So ist dort zum Beispiel oft von ‚Talern' die Rede, doch kam dieses Wort erst im 16. Jahrhundert auf. Ein Mensch des Mittelalters würde auf diesen Märkten vollkommen ratlos vor den Preisangaben stehen!

Wie genau das Mittelhochdeutsche gesprochen wurde, welche Wörter im Alltag verwendet wurden und wie es sich verändert hat, lässt sich weitgehend, aber nicht gänzlich rekonstruieren. Wir kennen nur schriftlich verfasste Texte, alles, was mündlich verhandelt wurde, ist naturgemäß verloren. Die erhaltenen Schrifttexte geben zudem keinen repräsentativen Ausschnitt der

Gesellschaft wieder, denn schreiben und lesen konnten im Hochmittelalter nur zwei Eliten: nämlich die Geistlichen, deren hauptsächliche Schriftsprache aber das Latein war, und Teile des Laienadels. Von der Sprache der Bauern, Handwerker und Händler wissen wir sehr wenig – erst mit der Ausweitung der Alphabetisierung ab dem Spätmittelalter können wir mehr über die Sprachgewohnheiten abseits von Klerus und Adel lernen.

Um herauszufinden, wie ein Wort verwendet wurde, werden deshalb in diesem Buch vor allem literarische Texte herangezogen, die von oder für Adlige geschrieben wurden: Romane über Ritter des Königs Artus, das „Nibelungenlied", Minnelieder des Lyrikers Walther von der Vogelweide und andere. Doch auch diese Werke weisen kein „einheitliches" Deutsch auf, wie wir es mit unserer genormten Rechtschreibung und klaren, in der Schule gelernten Regeln kennen. In mittelalterlichen Texten kommt es vielmehr häufig vor, dass Wörter ganz verschieden aussehen, ja selbst innerhalb eines Textes wird ein und dasselbe Wort oft unterschiedlich geschrieben – manchmal selbst Eigennamen!

Zudem ist das Mittelhochdeutsche noch sehr viel stärker von Dialekten geprägt, als wir es heute mit unserem „Einheitsdeutsch" gewohnt sind. Es macht einen großen Unterschied, ob ein Text in Köln oder im süddeutschen Raum entstanden ist, noch größer ist der Unterschied, wenn er in Norddeutschland, im Bereich des Niederdeutschen, verfasst wurde. Dennoch haben Texte, die im Umfeld von Adelshöfen entstanden sind, auch einige Gemeinsamkeiten – wie etwa den starken Einfluss des Französischen. Für die höfische Kultur des deutschen Mittelalters war Frankreich das zentrale

Vorbild, und damit einhergehend übernahm man mit bestimmten Formen adliger Kultur auch entsprechende Wörter aus Frankreich.

Trotz dieser Übernahmen aus dem Französischen (und auch aus dem Lateinischen) ist der Wortschatz des Mittelhochdeutschen deutlich kleiner als unser heutiger. Dafür hatten viele Wörter einen größeren Bedeutungsreichtum, konnten also je nach Zusammenhang unterschiedliche Bedeutungen annehmen. So ist etwa das mittelhochdeutsche Substantiv *muot* der Vorläufer unseres heutigen Wortes ‚Mut'. Doch bezeichnete *muot* nicht einfach eine bestimmte Form der Tapferkeit, sondern eine generelle Stimmung, die ganz unterschiedlich ausfallen kann – so wie dies etwa bei dem verwandten englischen Wort ‚mood' auch der Fall ist. Diese alte Bedeutung einer generellen Gefühlslage kennen wir auch heute noch, denn sie steckt in Zusammensetzungen wie etwa ‚Gleichmut' oder ‚Schwermut'. Hier ist ja keine Tapferkeit gemeint, sondern eine gelassene bzw. depressive Stimmung. All diese unterschiedlichen Nuancen – von fröhlicher bis gedrückter Stimmung – können im mittelhochdeutschen *muot* stecken. Bei der Lektüre und Übersetzung mittelalterlicher Texte muss man deshalb oft sehr genau auf den Kontext eines Wortes achten, um es richtig verstehen zu können.

Dieses Buch möchte einen ersten Einblick in die uns heute fremd gewordene Sprache und Literatur des deutschen Mittelalters bieten. Es stellt daher nicht die mittelhochdeutschen Wörter vor, deren Bedeutung sich gewandelt hat (wie *muot*), sondern diejenigen, die scheinbar ganz aus unserer Sprache verschwunden sind. Dabei steht das Entdecken verborgener Sprachschätze im Vordergrund, das Kennenlernen einer vergangenen Kultur und ihrer Begriffe, deren Spuren aber oft heute noch zu entdecken sind. Um Verwechslungen zu vermeiden, werden Wörter und Zitate aus älteren Sprachstufen (mittelhochdeutsch, altnordisch usw.) im Folgenden kursiv geschrieben, Wörter aus modernen Fremdsprachen sind in einfache Anführungszeichen gesetzt. In doppelten Anführungszeichen erscheinen die Titel literarischer Werke.

Die gut 80 hier vorgestellten Wörter des Mittelhochdeutschen erheben keinen Anspruch auf Vollständigkeit und ließen sich leicht durch Hunderte weitere verschwundene Wörter ergänzen. Sie sind vielmehr eine exemplarische Auswahl, die bestimmte Themenkreise abdeckt, die in mittelalterlichen Texten immer wieder vorkommen: Rittertum und Kampf, Familie und Soziales, Kultur und Religion, Alltag und Handwerk, Natur und Medizin, Liebe und andere Gefühle.

Rittertum und Kampf

Viele der deutschsprachigen Romane und Epen, die im Mittelalter entstanden, handeln von adligen Rittern, von Zweikämpfen und kriegerischen Auseinandersetzungen. Schaut man sich an, wer um 1200 im heutigen Deutschland überhaupt lesen und schreiben konnte, erklärt sich dieser thematische Schwerpunkt: Bildung besaß zum einen natürlich der Klerus, der zwar in erster Linie auf Latein, aber auch auf Deutsch schrieb. Zum anderen waren es die weltlichen Adligen, die ein zunehmendes Interesse an der Literaturproduktion und -rezeption zeigten. Viele Texte spiegeln daher die Lebenswelt dieser Adelsschicht, die nicht unerheblich von Jagd, Turnier und Kampf geprägt war. Mit dem Ende dieser adligen Lebenswelt sind auch etliche der in diesem Kapitel vorgestellten Wörter aus unserer Sprache und Kultur verschwunden.

balde (Adverb), balt (Adjektiv)

mutig, kühn, schnell

Das mittelhochdeutsche Wort *balt* (oder *balde*) ist heute nur noch als Adverb gebräuchlich und hier in einer so eingeschränkten Bedeutung, dass sein Pendant aus dem Mittelalter wohl als verschwunden gelten darf. Während nämlich unser Adverb ‚bald' allein in zeitlicher Hinsicht verwendet wird („Sie kommt bald zurück"), bezeichnet das Wort im Mittelhochdeutschen eine Eigenschaft der Tapferkeit: Das Adjektiv *balt* lässt sich daher mit ‚mutig' übersetzen. Damit ist es eine zentrale Beschreibungskategorie für Figuren in mittelalterlichen Erzählungen: Dass etwa Helden *küene unde balt* (kühn und mutig) sind, findet sich als Attribut häufig im „Nibelungenlied", auch in höfischen Romanen werden Herrscher wie Artus als *balt* bezeichnet: *Artûs, der künic balt* (Artus, der mutige König).[2]

Mit dem mittelhochdeutschen Wort *erbâlden* existiert sogar ein eigenes Verb für das ‚Mut fassen'. Ein schönes Beispiel bietet hier eine mittelalterliche Erzählung über den spätantiken byzantinischen Kaiser Herakleios, der in seiner Jugend über einen Stein verfügt, mit dem man sich vor Feuer schützen kann. Herakleios beweist die Macht des Steins, indem er seinen kaiserlichen Vorgänger Phokas bittet, mit dem Stein in ein großes Feuer zu treten. Dieser hat verständlicherweise erst Bedenken:

ze jungest gwan er den muot,
daz er gie gein der gluot,
er erbaldete und gewan den sin,
daz er enalmitten gie dar in,
sô daz im nie besenget wart
weder hâr noch der bart
von deheiner slahte hitze.

(Zuletzt fasste er den Entschluss, dass er in die Glut stieg. Er sammelte Mut und gewann die Überzeugung, dass er mitten hineinging, ohne dass ihm Haar oder Bart von irgendeiner Hitze angesengt wurden.)[3]

Die für das Neuhochdeutsche übliche zeitliche Bedeutung des Wortes gibt es schon im Mittelhochdeutschen, man findet sie auch hier eher bei seiner Verwendung als Adverb. So heißt es etwa im Artusroman „Iwein“: *nû reit si alsô balde / daz si in in dem walde / dannoch slâfende vant* (Nun ritt sie so eilig, dass sie ihn im Walde noch schlafend vorfand).[4] Die ursprüngliche Bedeutung von *balt* als ‚mutig‘ hat sich allerdings in einigen Namen gehalten, wie etwa in Balduin (der zweite Namensbestandteil heißt so viel wie ‚Freund‘), in Leopold (im Mittelalter *Liutbald*, hinter *liut* steht unser ‚Leute‘) oder von diesen Namensformen abgeleitet in Bezeichnungen wie Raufbold, Trunkenbold oder Witzbold. Auch das Englische hat im Adjektiv ‚bold‘ noch heute die alte Bedeutung ‚mutig‘. Star Trek-Fans kennen dies sicherlich als das Motto der Science-Fiction-Serie: ‚To boldly go where no one has gone before!‘

bîl (Substantiv, maskulin)

Gegenwehr oder Umstellung des Jagdwildes

Für den weltlichen Adel des Mittelalters war die Jagd eine der höfischen Hauptbeschäftigungen. Sie diente nicht allein der Nahrungsbeschaffung, sondern war auch ein exklusives Adelsvergnügen, das auf verschiedene Art und Weise ausgeübt wurde: Als Jagd mit einem abgerichteten Greifvogel auf kleinere Säugetiere oder andere Vögel (die sogenannte Falknerei oder Beizjagd) oder auch als Jagd mithilfe von Hunden, die größeres Wild so lange verfolgen, bis es erlegt werden kann (die sogenannte Hetzjagd). Angesichts der Beliebtheit von Jagdtätigkeiten ist es nicht verwunderlich, dass das Deutsche des Mittelalters hier noch etliche Fachbegriffe aufweist, die wir nicht mehr kennen. Einer dieser Fachtermini ist der *bîl*. Dieses Wort gehört in den Kontext der Hetzjagd und bezeichnet den Augenblick, in dem das verfolgte Wild die Flucht vor den Jagdhunden aufgibt und sich ihnen zum Kampf stellt – also ein entscheidender und oft auch dramatischer Höhepunkt der Jagd.

Ein Text, der zahlreiche Jagdszenen beinhaltet, ist ein Roman über Tristan und Isolde, der von Gottfried von Straßburg verfasst wurde. Hier trifft der junge Tristan auf eine Hetzjagd, die von seinem Onkel Marke befohlen wurde:

Nu kam ez in kurzer stunde:
sînes oeheimes hunde,
Markes von Curnewâle,
die haeten zuo dem mâle, (...)

einen zîtegen hirz gejaget
zuo der strâze nâhen.
dâ liez er sich ergâhen
und stuont aldâ ze bîle.

(Bald darauf geschah es, dass die Hunde seines Onkels, Markes von Cornwall, damals (...) einen ausgewachsenen Hirsch gejagt hatten in die Nähe der Straße. Dort ließ er sich einholen und stellte sich zur Wehr.)[5]

Die Beliebtheit der Jagd führte aber auch dazu, dass sie selbst wie auch ihre Fachbegriffe in der Literatur häufig metaphorisch verwendet wurde. Dies geschieht vor allem in Bezug auf Minne und Liebe, berühmt ist etwa das „Falkenlied" des Kürenbergers, in dem ein entflogener Jagdfalke mit einem verlorenen Liebespartner gleichgesetzt wird. Der eher martialische *bîl* hingegen wird stärker auf einen allgemeinen Kampf übertragen: Hier sind es dann keine Tiere, die aufeinandertreffen, sondern Zweikämpfer, wie etwa in Konrads von Würzburg Roman über den Trojanischen Krieg, in dem sich die Heroen Peleus und Hektor duellieren. Angespielt wird in der folgenden Szene übrigens auch auf den Salamander, der nach einigen antiken wie mittelalterlichen Vorstellungen im Feuer lebt:

alsam der salamander
sich brennet in der glüete,
alsô bran ir gemüete
in zorne bî der wîle.
si giengen dâ ze bîle,
sam die wilden ebere tuont,
wan ez in umb daz leben stuont
und umbe ir küniclichen prîs.

(So wie der Salamander in der Glut brennt, so brannte ihr Inneres zu diesem Zeitpunkt in Zorn. Sie stellten sich zum Kampf wie es die wilden Eber tun, denn es ging um ihr Leben und um ihre königliche Würde.)[6]

Heute ist der *bîl* selbst aus der Jägersprache verschwunden. Man kann ihn nur noch in Orts- oder Familiennamen wie Bielstein oder Beilstein finden, die ursprünglich wohl auf einen Platz verwiesen haben, an dem regelmäßig Jagdwild gestellt wurde.

Schöner als der Panzer

brünne (Substantiv, feminin)

Rüstung, Brustpanzer

Das Mittelhochdeutsche kennt noch eine Vielzahl an Wörtern für Waffen oder für bestimmte Teile der Rüstung, die heute meist zusammen mit den Gegenständen, die sie bezeichnet haben, vergessen sind. Doch während man Ausrüstungsgegenstände mittelalterlicher Ritter noch in Museen finden kann, ist dies bei den dazugehörigen Wörtern eher nicht der Fall. Ein sehr alter und in mittelhochdeutschen Texten weit verbreiteter Name für einen Brustpanzer ist *brünne*. Das Substantiv findet sich im Mittelalter in vielen germanischen Sprachen, in denen es teils ebenfalls heute nicht mehr gebraucht wird (wie das altenglische *byrne*), teils aber auch noch in Verwendung ist (das altnordische *brynja* gibt es im heutigen Dänisch als ‚brynje' in der ursprünglichen Bedeutung).

Die mittelhochdeutsche *brünne* hat allerdings im 18. und 19. Jahrhundert eine kleine Renaissance erlebt, als viele Schriftsteller der Romantik auf Wörter des Mittelalters zurückgegriffen haben – daher erscheint es uns vielleicht nicht ganz so fremd. Noch im „Deutschen Wörterbuch" der Gebrüder Grimm findet sich im Eintrag zur *brünne* der nostalgische Wunsch: „schönes (...) wort, das sich statt panzer hätte im lebendigen gebrauch erhalten sollen."[7]

Früher ging man davon aus, dass die *brünne* mit Wörtern wie ‚brennen' verwandt ist, da ihr Metall wie Feuer leuchten kann. Heute erscheint es aber plausibler, dass das Wort schon sehr früh aus dem Keltischen entlehnt wurde und mit unserem heutigen Wort ‚Brust' verwandt ist – also dem Körperteil, das die *brünne* beschützen soll. Diese Überlegung leuchtet insofern ein, als in der Spätantike neben römischen Produkten keltisches Handwerk und Kriegsgegenstände im germanischen Sprachraum äußerst beliebt waren.

In literarischen Texten wie dem „Nibelungenlied" wird etwa die Königin Brünhild, deren Name sich sogar von der *brünne* ableitet, mit ebendieser für den Kampf gegen Gunther gerüstet – der Sieg im Zweikampf ist Bedingung, um Brünhild heiraten zu können:

Dô diu kuneginne sîne rede vernam,
des spils bat si gâhen, als ir dô gezam.
si hiez ir gewinnen ze strîte guot gewant,
eine brünne *rôtes goldes unt einen guoten schildes rant.*

(Als die Königin seine (= Gunthers) Worte vernommen hatte, bat sie, wie ihr dies zukam, den Wettkampf schnell einzuleiten. Sie ließ sich die für den Kampf geeignete Kleidung bringen, eine Rüstung aus rotem Gold und einen guten Schild.)[8]

Die *brünne* lässt sich im Deutschen bis ins 8. Jahrhundert zurückverfolgen (althochdeutsch *brunna*), womit sie deutlich älter ist als andere Bezeichnungen für Rüstungen. Im Hochmittelalter spielte vor allem Frankreich für die deutschen Gebiete eine kulturelle Vorreiterrolle, was sich auch in der Entlehnung von Rüstungsnamen zeigt: Übernommen wurde etwa der für uns etwas altertümliche Begriff Harnisch (mittelhochdeutsch *harnasch*, von altfranzösisch *harnois*), oder der noch heute gebräuchliche Panzer (mittelhochdeutsch *panzier*, von altfranzösisch *pancier*). Schon früher ist im Deutschen hingegen das Wort *sarwât* anzutreffen, das in vielen Texten als Bezeichnung für eine Kriegsrüstung verwendet wurde. Man vermutet, es könnte aus dem Orient stammen und über Handelswege nach Europa gekommen sein – diese Theorie ist allerdings umstritten. Fest steht jedoch, dass Handwerker, die Rüstungen hergestellt haben, oft als ‚Sarwörter' bezeichnet wurden – so etwa in Köln, wo sie um die Kolumbakirche herum ansässig waren und dort eine eigene Gaffel (Kölner Zunft) bildeten.

Unser heutiges Wort ‚Rüstung' ist übrigens erst nach dem Mittelalter aus dem Verb ‚rüsten' entstanden – dieses hatte im Mittelhochdeutschen noch die Bedeutung von ‚sich bereit machen' oder ‚sich schmücken'.

degen (Substantiv, maskulin)

Held, Krieger, Mann

Das Wort *degen* erscheint uns zunächst sehr vertraut: Man assoziiert damit vielleicht den Roman „Die drei Musketiere" von Alexandre Dumas oder verwandte Mantel-und-Degen-Erzählungen. Das hier verwendete Wort ‚Degen' als Bezeichnung für eine Hieb- und Stichwaffe ist jedoch relativ neu: Es geht auf das französische ‚dague' (Dolch) zurück (ähnlich auch das englische ‚dagger') und lässt sich in dieser Bedeutung seit dem Ausgang des Mittelalters in der deutschen Sprache finden.

Sehr viel länger aber existiert ein auf den ersten Blick gleiches Wort in einem ganz anderen Kontext: Schon im Althochdeutschen und Altniederdeutschen des Frühmittelalters liest man häufig von einem *thegan*, was generell einen Mann, aber auch einen Gefolgsmann oder Kämpfer bezeichnen konnte. Im Mittelhochdeutschen wurde daraus das Wort *degen*, das sich in literarischen Texten zu einer der beliebtesten Bezeichnungen für (heldenhafte) Männer, Kämpfer und Ritter entwickeln sollte – allein im „Nibelungenlied" kann man mehr als 200-mal einen *degen* finden. Schon zu Beginn der Erzählung tritt das Wort hier prominent auf, als in den ersten Strophen auf das zu erwartende katastrophale Ende hingewiesen wird:

Ez wuohs in Burgonden ein vil edel magedîn,
daz in allen landen niht schœners mohte sîn,
Kriemhilt geheizen; si wart ein schœne wîp.
dar umbe muosen degene vil verliesen den lîp.

(Es wuchs im Burgundenland ein junges Edelfräulein heran, so schön wie keine andere auf der Welt, Kriemhild hieß sie. Später wurde sie eine schöne Frau. Ihretwegen mussten viele Ritter ihr Leben verlieren.)[9]

Diese Beliebtheit lässt sich auch aus der großen Wortgruppe rund um *degen* ablesen: *degenîn* (Heldin), *degenheit* (Kampfesmut), *degenlich* (heldenhaft) usw. In der Regel meint der *degen* hier einen besonders hervorragenden Kämpfer, d. h. Helden. Dass aber auch der größte Heldenstatus nichts nutzt, wenn man nicht im Training bleibt, gibt der Erzähler im „Iwein"-Roman des Hartmann von Aue zu erkennen:

ez lêret diu gewonheit
einen zagehaften man
daz er getar unde kan
baz vehten danne ein kuener degen
der es niht hât gepflegen.

(Gewohnheit lehrt auch einen Feigling, dass er Mut fasst und besser kämpfen kann als ein tapferer Held, der das vorher nicht geübt hat.)[10]

Spätestens im 15. Jahrhundert ist der *degen* in seiner mittelhochdeutschen Bedeutung als Held in der deutschen Sprache kaum noch zu finden, stattdessen setzt sich mit der Frühen Neuzeit die aus dem Französischen übernommene Bezeichnung einer Waffe durch. Im 18. Jahrhundert wird die alte Bedeutung allerdings hin und wieder aufgegriffen, so findet man etwa in Texten von Gotthold Ephraim Lessing den Degen nicht nur als Waffe, sondern auch als Helden: Odoardo

Galotti, der Vater Emilias, wird beschrieben als „Ein alter Degen; stolz und rauh; sonst bieder und gut!“[11] Dieses Revival erklärt auch, warum wir unter einem ‚Haudegen‘ – was ursprünglich eine bestimmte Waffenart meinte – bis heute eine Person verstehen, und zwar meist einen alten Veteranen. So hält sich in dieser Wortverbindung noch ein wenig von dem alten, heldenhaften *degen*.

Weder Unterarmknochen noch Längenmaß

ellen (Substantiv, neutral)

Mut, Kühnheit, Stärke

Das mittelhochdeutsche *ellen* ist uns heute vollkommen unverständlich geworden. Es ist nicht verwandt mit der fast gleichlautenden Elle, die nicht nur einen Unterarmknochen bezeichnet, sondern auch viele Jahrhunderte als Längenmaß gebraucht wurde. Auch besteht kein Bezug zu unserem Adjektiv ‚elend‘ (mittelhochdeutsch *ellende*), das im Mittelalter vor allem in der Bedeutung ‚fremd‘ gebraucht wurde (es ist nämlich mit dem Wort ‚Land‘ verwandt und bezeichnet ursprünglich jemanden, der nicht in der Heimat lebt). Vielmehr hat das Substantiv *ellen* eine sehr positive Bedeutung: Es lässt sich mit ‚Mut‘ oder ‚Stärke‘ übersetzen. In dieser Bedeutung findet man es im Mittelalter auch in anderen germanischen Sprachen (altenglisch *ellen*, altnordisch *eljan*), doch hat es sich dort ebenfalls nur in Ausnahmefällen gehalten.

In der Literatur des deutschen Mittelalters ist das *ellen* noch allgegenwärtig. Dass ein Ritter *ellens rîche*, also ‚reich an Mut/Stärke' ist, gehört zu den topischen Beschreibungsformeln mittelhochdeutscher Texte: Im „Parzival"-Roman Wolframs von Eschenbach wird etwa allein der Artusritter Gawan vier Mal als *Gâwân der ellens rîche* bezeichnet.[12] Aber auch starke und mutige Frauen gibt es in den Texten, so etwa im „Nibelungenlied" – hier ist es Kriemhild, deren Gefühle von Trauer und Rachewunsch nach der Ermordung ihres Ehemanns Siegfried der Erzähler so kommentiert:

man mohte ir michel tugende kiesen wol dar an,
si klagete unz an ir ende, di wîle wert si der lîp.
sît rach sich wol mit ellen des küenen Sîfrides wîp.

(Man konnte daran gut ihre große Charakterstärke erkennen, sie hat, solange sie lebte, bis an ihr Ende getrauert. Später nahm die Frau des tapferen Siegfried mit aller Kraft ihre Rache.)[13]

Heute ist *ellen* durch Wörter wie ‚Stärke', ‚Mut' oder ‚Kraft' ersetzt. Nur Übersetzer·innen, die mittelhochdeutsche Texte ins Neuhochdeutsche übertragen, macht *ellen* noch hin und wieder Probleme, da es gerade als Adjektiv – *ellenthaft*, *ellentlich* (mutig) – leicht mit dem oben erwähnten, gleichnamigen *ellentlich* (fremd, bedauernswert) verwechselt wird.

Der Vorläufer des Kellners

garzûn (Substantiv, maskulin)

Knappe, Bote, Page

Der deutsche Adel des Hochmittelalters orientierte sich sehr stark an der französischen Hofkultur: Man übernahm Hofbräuche, adaptierte Texte und feierte Feste nach französischem Vorbild. Weil französische Literatur, Sprache und Gewohnheiten fast den Rang einer Leitkultur einnahmen, war es nur natürlich, dass zahlreiche Wörter des (Alt-)Französischen ins Mittelhochdeutsche einwanderten. Eines dieser Wörter ist *garzûn*, eine Übernahme des Wortes *garçon*, das sich mit ‚Knappe', ‚Bote' oder ‚Page' übersetzen lässt und sich in fast jedem deutschsprachigen höfischen Roman des Mittelalters findet.

So beschreibt etwa der Artusroman „Iwein" die ritualisiert ablaufende Ankunft und Belohnung eines Knappen: *si sprach „gebt mir daz botenbrôt. / iuwer garzûn der ist chomen."* (Sie sagte: „Gebt mir den Botenlohn. Euer Page ist angekommen.")[14] Ein *garzûn* ist hier entweder ein sehr junger, also noch nicht zum Ritter geschlagener Adliger (Knappe) oder aber ein Bote, und zwar in der Regel einer, der sich zu Fuß fortbewegt. Als der (gestandene) Artusritter Gawan in Wolframs von Eschenbach „Parzival" sein Pferd verliert, spottet eine Dame über ihn: *nu müezet ir ein garzûn wesn* (Jetzt müsst ihr ein unberittener Bote sein).[15]

Unser heutiges Wort ‚Knappe' gab es übrigens auch schon im Mittelalter, wurde aber nur teilweise in seiner heutigen Bedeutung, d. h. als Schildknappe, der bei einem Ritter lernt, verwendet.

Häufig begegnet es uns auch einfach in der Bedeutung eines ‚jungen Mannes' – schließlich ist das Wort etymologisch mit unserem heutigen Knaben verwandt. Übrigens bezeichnet ein ‚garçon' auch im heutigen Französisch entweder einen ‚Jungen' oder einen ‚Kellner' bzw. ‚Diener' – hier hat also eine ähnliche Bedeutungsverschiebung wie im Deutschen stattgefunden.

Im Kreuzworträtsel oft gesucht

gêr (Substantiv, maskulin)

Speer, Wurfspeer

Archäologische wie sprachliche Befunde deuten darauf hin, dass der Speer bis zum Hochmittelalter die meistgenutzte Waffe in Zentraleuropa war. Da für die Herstellung eines Speers – ganz im Gegensatz zum Schwert – nur wenig Eisen benötigt wird, war er verhältnismäßig leicht und günstig zu produzieren. Das Mittelhochdeutsche hatte für diese Waffe noch ein heute verschwundenes Wort: *gêr*. Im Kampf wurde er wahrscheinlich sowohl als Wurf- wie als Stichwaffe verwendet. In der Literatur findet man den *gêr* vor allem in der Heldenepik, also in Dichtung, die oft aus einer langen mündlichen Erzähltradition entstand und so etliche „archaische" Wörter bewahrte. So nutzt etwa im „Nibelungenlied" Hagen diese Waffe, um Siegfried zu ermorden: *Den gêr im gein dem herzen er dô stecken lie* (Den Speer ließ er (= Hagen) ihm da im Herz stecken).[16] Fliegende Speere gehören zu den

Standardbeschreibungen von Kämpfen: *dô sach man uber helme vliegen manegen gêr* (Da sah man über die Helme hinweg viele Speere fliegen).[17]

Die erst im Hochmittelalter entstehenden Artusromane hingegen führen bereits fast ausnahmslos das auch heute noch gebrauchte Wort *sper* an, das im Mittelhochdeutschen allerdings noch ein Neutrum war: *daz sper*. Die alte Form *gêr* hat sich in zahlreichen Namen gehalten, etwa in Gerhard (in Kombination mit dem althochdeutschen *harti*, hart, kräftig), Gertrud (in Kombination mit dem althochdeutschen *trud*, stark, aber auch vertraut) oder Rüdiger (in Kombination mit *hruod*, Ruhm, Ehre). Auch als Begriff für etwas ‚spitz zulaufendes' ist der alte *gêr* heute zu entdecken, wenn auch etwas versteckt: So ist eine Gehrung in der Mechanik eine spitze Eckverbindung von zwei Werkstücken in einem Winkel. Mit der Bezeichnung ‚Germanen' hat der *gêr* übrigens nichts zu tun, auch wenn man das in der Forschung lange Zeit vermutet hat. Leider ist aber unklar, woher der Begriff ‚Germanen' stattdessen kommt – ein weißer Fleck in unserer Sprachgeschichte.

Vom Sandaufseher zum Platzwart

griezwart (Substantiv, maskulin)

Aufseher, Richter (bei Zweikämpfen)

Dass jemand, dessen Tätigkeitsbezeichnung auf -wart endet, auf etwas aufpasst, indem er es ‚wartet', leuchtet sofort ein: Der Torwart gibt auf sein Tor acht, der Platzwart auf den Platz usw. Doch worum kümmerte sich ein mittelalterlicher *griezwart*? Das mittelhochdeutsche Wort *griez* bezeichnet in der Regel ‚Sand' (siehe auch *mergriez*, ‚Sandkorn', Seite 155), der *griezwart* ist also jemand, der auf Sand aufpasst. Darunter muss man sich allerdings keinen Strandaufseher à la Baywatch vorstellen, sondern etwas sehr viel Ernsteres: Mit Sand bestreut waren Plätze, auf denen Zweikämpfe ausgetragen wurden. Der Sand gab den Kämpfenden Halt und sorgte dafür, dass der Boden nicht rutschig wurde, falls Blut fließen sollte. Ein *griezwart* bezeichnete somit im wörtlichen Sinn einen Aufseher über den Kampfplatz, worunter man sich wohl auch einen Richter bei Zweikämpfen vorzustellen hat.

Zweikampfbeschreibungen finden sich hin und wieder auch in literarischen Texten, wenn es um Rechtsstreitigkeiten geht. Jede Partei benennt einen Kämpfer, und der Sieg im Zweikampf bedeutet dann auch einen rechtlichen Sieg. Dies scheint auf den ersten Blick das Klischee vom gesetzlosen Mittelalter zu bestätigen, doch ist bei der Interpretation mittelhochdeutscher Literatur Vorsicht geboten: Wenn etwa der um 1200 entstandene Artusroman „Iwein" des Dichters Hartmann von Aue einen derartigen rechtlichen Zweikampf schildert, dann heißt dies noch lange nicht, dass es derartige Rechtskämpfe auch regelmäßig um 1200 gegeben hat. Man sollte solche Beschreibungen zunächst einmal als literarische, fiktionale Erzählungen auffassen, die nicht zwangsläufig eine historische Realität wiedergeben.

Wenn in der Literatur Zweikämpfe geschildert werden, dann ist der *griezwart* jedenfalls regelmäßig dabei. So beschreibt etwa der Artusroman „Wigamur“ die Vorbereitungen für einen Zweikampf:

ein rinc wart gemachet sâ,
ouch wurden bestellet dâ
zuo griezwartel vier man.
künic Paltriôt gienc an
mit sînem schilt in den rinc.

(Ein Kampfring wurde sogleich bereitet, auch wurden dorthin vier Männer zu Kampfrichtern bestellt. König Paltriot machte sich mit seinem Schild in den Kampfring auf.)[18]

Eine stärker poetische Verwendung findet sich in einem weiteren Artusroman, der nach seinem Protagonisten „Daniel von dem blühenden Tal“ heißt. Hier beschreibt der Dichter mit vielen sprachlichen Bildern den grausamen Verlauf einer Schlacht. Dabei greift er auch auf den *griezwart* als Metapher für den Tod zurück, der die Kämpfenden voneinander trennt – und den Unterlegenen holt:

nû hœret ein spæhe mære:
swie vil der liute wære,
dâ was ein griezwarte
der in allen sament gewarte.
swer den andern überwant,
die zwêne schiet er zehant,
sam die griezwarten tuont.
wol zêne er under stuont,
die schieden sich same harte.
der selbe griezwarte
was geheizen der tôt.

(Hört jetzt eine seltsame Erzählung: Wie viele Leute es auch gab, dort war doch ein Aufseher, der sie alle zusammen überwachte. Wer auch immer einen anderen besiegte, diese zwei trennte er sogleich – so wie es die Kampfaufseher eben tun. Er nahm sich leicht zehn Kämpfern an, die schmerzlich voneinander getrennt wurden. Dieser Aufseher hieß der Tod.)[19]

Mit dem Ende der ritterlichen Zwei- und Turnierkämpfe in der Frühen Neuzeit verschwand auch der *griezwart* aus der Sprache – seine moderne Entsprechung, der Platzwart, hat sich nun um den Rasen zu kümmern.

Von Schlacht und Kreißsaal

krîe (Substantiv, feminin)

Schrei, Schlachtruf

In der französischen und in der englischen Sprache gibt es fast identische Substantive, um einen Schrei zu bezeichnen: ‚le cri' im Französischen, ‚cry' im Englischen. Die dazugehörigen Verben sind ebenfalls sehr ähnlich: ‚crier' und ‚cry' (das oft auch als ‚weinen' verwendet wird). Und im Deutschen? Wir benutzen heute zwei Wörter, die ähnlich aussehen und beide schon im Mittelalter verwendet wurden: ‚Schrei' bzw. ‚schreien' (mittelhochdeutsch *schrei* und *schreien*) sowie ‚kreischen' (mittelhochdeutsch *krîschen*). Ein drittes deutsches Wort, das mit den englischen und französischen Wörtern noch näher verwandt, aber weitgehend ausgestorben ist, findet sich noch in deutschen Texten des Mittelalters, nämlich das Substantiv *krîe*.

Gebraucht wird dieses Wort häufig im Sinne eines Schlachtrufs, mit dem der jeweilige Heerführer oder Gott angerufen wird. Im „Parzival"-Roman Wolframs von Eschenbach wird etwa über das Leben des späteren Gralkönigs Anfortas berichtet, dass er in seinen jungen Jahren ganz anderen Dingen als dem Gral zugetan war:

da bejagte an âventiure
der süeze unt der gehiure,
wart ie hôher prîs erkant
über elliu rîterlîchiu lant,
vor dem mær was er der frîe.
Amor was sîn krîe.

(Viel Ehre erbeutete er auf seinen Fahrten,
der Süße und Schöne: Wem immer man in
allen Ländern, wo Rittertum etwas gilt, hohen
Ruhm zusprechen mochte – von höherem
Ruhm als seinem war doch nie die Rede. ‚Amor'
war sein Schlachtruf.)[20]

Man nimmt an, dass vor allem der starke Einfluss des Französischen auf das Mittelhochdeutsche zur Popularität dieses Substantivs beigetragen hat. Mit dem dazugehörigen Verb *krîzen* gibt es aber auch einen Vertreter dieser Wortfamilie, der sehr alte Wurzeln zu haben scheint – und der noch heute versteckt zu finden ist. Denn nach Ende des Mittelalters begann sich die Bedeutung dieses Wortes langsam zu verengen: Gemeint sind nun nicht mehr generell Schreie oder Schlachtrufe, sondern vielmehr die Schreie, die bei einer Geburt zu hören sind. Dabei sind teils die Schreie der gebärenden Frauen, teils die Schreie der Neugeborenen so bezeichnet worden. Damit erhielt dieses Verb langsam die Bedeutung des ‚Gebärens': es ist heute in etwas altertümlicher Sprache als ‚kreißen' bekannt und als Bezeichnung für den Ort des Gebärens – den Kreißsaal – immer noch gebräuchlich. Der Kreißsaal hat also nichts mit einer runden Form zu tun, wie hin und wieder zu lesen ist, sondern damit, dass hier viel geschrien wird!

Namensfacetten des Turniers

tjost (Substantiv, feminin)

Turnierkampf

Eine zentrale Beschäftigung des Adels bestand im Turnierkampf. Die Geschichte des Ritterturniers und der Versuche, es zu reglementieren, zu verbreiten oder auch zu verbieten, ist überaus interessant, aber lang und kompliziert. Sie kann an anderer Stelle nachgelesen werden. Hier sollen hingegen die häufigsten mittelhochdeutschen Namen für verschiedene Turnierarten vorgestellt werden, die heute so gut wie vergessen sind. In deutschen Texten des Mittelalters finden sich in der Regel drei Wörter für reglementierte und ritualisierte Kämpfe von Rittern: *tjost, bûhurt* und *turnei.* Alle drei sind französischen Ursprungs und benennen je unterschiedliche Turnierformen. Doch muss betont werden, dass diese Bezeichnungen nicht einheitlich verwendet wurden und auch die Turnierregeln je nach Ort und Zeit variierten.

Die *tjost* ist auf das altfranzösische Verb *joster/jouster* (kämpfen) zurückzuführen, das ganz ähnlich auch ins Englische übernommen wurde, wo das ritterliche Turnier heute noch ‚joust' heißt. In der Regel bezeichnet die *tjost* denjenigen Turnierkampf, der heute standardmäßig in Filmen und auf Mittelalterfesten dargestellt wird: Zwei Reiter galoppieren aufeinander zu und versuchen, sich gegenseitig mit Lanzen vom Pferd zu stechen.

Im „Parzival" zeigt sich der Erzähler so beeindruckt von einer *tjost* zwischen Parzival und Orilus, dass er froh ist, darüber nur gelesen zu haben (und zwar in seiner französischen Vorlage), und sie nicht mit eigenen Augen mitansehen musste:

trunzûne starc al niuwe
von in wæten gein den lüften.
ich wolde mich des güften,
het ich ein sölhe tjost gesehen
als mir diz mære hât verjehen.
dâ wart von rabbîne geriten,
ein sölch tjoste niht vermiten:
froun Jeschûten muot verjach,
schœner tjost si nie gesach.

(Große Splitter von ganz neuen Speeren hagelten in den Himmel – ihr solltet mich erst krähen hören, wenn ich eine solche Tjost, wie die Geschichte sie mir berichtet hat, mit Augen hätte ansehen dürfen. Man ritt gegeneinander in scharfer *carrière*; natürlich konnte es da nicht ausbleiben, daß ein

Kampf entstand, schön, wie die Herzogin Jeschûte nie einen gesehen hatte, so jedenfalls sprach ihr Herz.)[21]

Der *bûhurt* hingegen lässt sich als eine Art Massenkampf verstehen, bei dem in der Regel zwei Scharen von Rittern gegeneinander antraten. In einigen Texten wird er eher als eine Art Übung oder sportliche Auseinandersetzung ohne scharfe Waffen geschildert, die etwa bei einem höfischen Fest veranstaltet wurde – auch wenn es dabei durchaus zu ernsthaften Verletzungen oder sogar Todesfällen kommen konnte. Der Name leitet sich aus dem altfranzösischen Substantiv *behourt* oder *bohourt* ab, das sehr wahrscheinlich mit dem Verb *hurter* (stoßen) verwandt ist, welches sich nicht nur im mittelhochdeutschen *hurten*, sondern auch im modernen englischen ‚hurt' (verletzen) wiederfindet. Im „Eneasroman", einer mittelhochdeutschen Version von Vergils Epos „Aeneis", ist der *bûhurt* eine der Festfreuden, die anlässlich der Hochzeit von Eneas und Lavinia abgehalten werden:

dâ was spil unde sank,
buhurt unde gedrank,
phîfen unde springen,
videlen unde singen,
orgeln unde seitspil,
maneger slahte froude vil.

(Da waren Spiel und Lied, Turnier und Trubel, Pfeifenspiel und Tanz, Fiedelklang und Gesang, Orgelmusik und Saitenspiel und vielerlei sonstige Unterhaltung.)[22]

Der *turnei* schließlich lässt sich als großer, stärker reglementierter und offizieller *bûhurt* verstehen, auf dem nicht selten große Gewinne erzielt werden konnten, entweder durch Siegerpreise oder durch das Gefangennehmen von Gegnern, die sich durch Lösegeldzahlungen „freikaufen" mussten. Einige Adlige scheinen europaweit von *turnei* zu *turnei* gezogen zu sein, um sich so ihren Lebensunterhalt zu verdienen. Das bekannteste Beispiel hierfür ist der Anglo-Normanne Guillaume le Maréchal (1144–1219), dessen Leben als Turnierritter in einer faszinierenden französischsprachigen Biografie aus dem 13. Jahrhundert festgehalten ist.

Der *turnei* leitet sich vom altfranzösischen *tornoi* ab, ein Substantiv, das wiederum auf das Verb *tornoier* (sich drehen, wenden) zurückzuführen ist und wohl das Wenden des Ritters im Kampfgetümmel meint. Das davon entlehnte mittelhochdeutsche Verb *turnieren* wiederum hat im Spätmittelalter ein neues Substantiv hervorgebracht *(turnier)*, welches das ältere *turnei* verdrängt hat und zudem schon das uns bekannte neutrale Geschlecht aufweist. Dieses Turnier ist es dann auch, mit dem wir heute etwas vereinfachend die unterschiedlichen Kampfarten des Mittelalters bezeichnen.

urliuge

(Substantiv, feminin/maskulin/neutral)
Krieg, Fehde, Kampf

Das mittelhochdeutsche Wort *urliuge* für ‚Krieg' oder ‚Fehde' erscheint uns sehr fremd. Wenn man mit der Aussprache des Mittelhochdeutschen vertraut ist und weiß, dass die Vokalverbindung aus ‚i' und ‚u' wie ein langes ‚ü' ausgesprochen wird, könnte man vielleicht denken, hier ginge es um eine besonders alte Lüge. Das ist nicht ganz richtig, aber auch nicht ganz falsch: Die Sprachforschung geht davon aus, dass in diesem Wort sowohl rechtliche Bedeutungen enthalten sind als auch die Beschreibung einer bestimmten Situation, wörtlich also ein ‚vertragsloser Zustand'. Deutlicher wird dies, wenn man sich die Form *urlage* ansieht, in der das Wort auch überliefert ist. Hier kann man noch unsere heutige ‚Lage' erkennen, die sehr entfernt mit dem englischen ‚law' (Gesetz) verwandt ist. Kennzeichnend für das Wort *urliuge/urlage* ist, dass es zwar häufig in mittelhochdeutschen Texten Verwendung findet, dort aber in sehr unterschiedlichen Formen auftauchen kann. Auch das Geschlecht von *urliuge* schwankt stark, es begegnet uns mal als maskulines, mal als feminines und mal als neutrales Substantiv.

Der Grund hierfür könnte auch darin liegen, dass *urliuge* verschiedene Arten von Konflikten bezeichnen kann, von kleinen Fehden bis hin zu ausgewachsenen Kriegen. Die Erzählung „Gregorius" von Hartmann von Aue etwa berichtet vom Leben des titelgebenden Protagonisten, der nicht nur ein Inzestkind ist, sondern auch – unwissentlich – mit seiner Mutter schläft, von der er als kleines Kind getrennt wurde. Nach vielen Jahren der Reue und Buße wird Gregorius dennoch schließlich zum neuen Papst gekrönt – eine beachtliche Karriere bei dieser Vorgeschichte! Gregorius rettet dabei seine Mutter anfangs aus misslicher Lage, denn diese wurde als junge Witwe von einem aggressiven Freier bedrängt: *mit urliuge und mit drô / sô bestuont er sî zehant / unde wuoste ir daz lant* (Er (= der Freier) überfiel sie mit Krieg, bedrohte sie und zerstörte ihr Land).[23]

In noch größeren Nöten befinden sich hingegen die Burgunden des „Nibelungenlieds", als sie einer Einladung ihrer Schwester Kriemhild ins Land der Hunnen folgen und sich im dortigen Festsaal – aufgrund alter Konflikte – ein Kampf entwickelt. Kriemhild und ihr Mann Etzel lassen den Saal anzünden und schicken am nächsten Morgen weitere Krieger, welche die Burgunden mit *urliuge* „begrüßen":

Des tages wider morgen grüezen man in bôt
mit hertem urliuge. des kômen helde in nôt.
dô wart zuo zin geschozzen vil manec herter gêr.
sich werten ritterlichen di recken küene unde hêr.

(An diesem Tag empfing man sie gegen Morgen mit hartem Kampf. Davon kamen die Helden in Not. Viele harte Speere wurden auf sie geschossen. Die tapferen, auserlesenen Recken wehrten sich ritterlich.)[24]

Auch unser heutiges Wort ‚Krieg' gab es schon im Mittelhochdeutschen (als *kriec*), dort hatte es aber vor allem die Bedeutung von ‚Anstrengung',

‚Bemühen' oder ‚Streben', so wie sie in unserem Verb ‚kriegen' noch existiert. Erst mit dem langsamen Verschwinden von *urliuge* ab dem 15. Jahrhundert wird ‚Krieg' mehr und mehr in seiner heutigen Bedeutung verwendet. Gehalten hat sich das *urliuge* hingegen im Niederländischen: Dort heißt Krieg heute noch ‚oorlog'.

Vom Zweikampf bis zur Massenschlacht

wal (Substantiv, neutral)

Kampfplatz, (Schlacht-)Feld

Als etwas antiquiertes Wort ist manchem vielleicht noch die Walstatt als Bezeichnung für ein Schlachtfeld bekannt. Darin enthalten ist ein aus unserer heutigen Sprache verschwundenes Wort: das mittelhochdeutsche *wal*, das in der Regel mit neutralem Geschlecht, teils aber auch feminin oder maskulin gebraucht wurde. In literarischen Texten findet es sich häufig in der Beschreibung von Kampfbegegnungen, wobei das Wort *wal* ein breites Spektrum an Orten abdeckt, an denen sowohl große Massenschlachten als auch Zweikämpfe stattfinden konnten.

Im „Willehalm" von Wolfram von Eschenbach, einem Text, der viele Schlachtbeschreibungen enthält, liest man etwa: *den künec von Nubiant man sach / eine straze houwen durh daz wal* (Man sah, wie der König von Nubiant sich eine Gasse durch das Schlachtfeld hieb).[25] Etwas weniger dramatisch erscheint das *wal* im „Parzival"-

Roman, der ebenfalls von Wolfram verfasst wurde. Hier bezeichnet es einen Kampfplatz, auf dem Parzival in einem Zweikampf gegen Clamide antritt, der die Stadt von Condwiramurs belagert, der Tochter des Königs Tampenteire und späteren Frau Parzivals:

ûz kom geriten Parzivâl
an daz urteillîche wal,
dâ got erzeigen solde
ober im lâzen wolde
des künec Tampenteires parn.

(Hinaus kam Parzivâl geritten zum Platz
des Gerichtskampfes, wo Gott offenbaren sollte,
ob er ihn das Kind des Königs Tampenteire
behalten lassen wollte.)[26]

Heute kommt das Wort *wal* auch noch in anderen Zusammensetzungen vor wie etwa Walhalla oder Walküre, in der das *wal* mit dem Verb *kiesen* (auswählen) verbunden ist (siehe *kiesen*, Seite 106). Die Walküre ist gewissermaßen diejenige, die auf dem Schlachtfeld unter den Toten auswählt. Hier gilt es jedoch zu differenzieren: Auch wenn nicht zuletzt Richard Wagner diese Begriffe in der deutschen Sprache populär gemacht hat, so stammen Walhalla und Walküre doch aus nordeuropäischen Vorstellungswelten (altnordisch *valhǫll* und *valkyrja*) und kommen in deutschsprachigen Texten des Mittelalters nicht vor. Sie wurden erst ab dem 18. Jahrhundert eingedeutscht, beeinflusst durch das Interesse der Romantik an Nordeuropa.

Übrigens: Auch der Walnussbaum hat nichts mit dem mittelhochdeutschen *wal* zu tun. Sein

Name geht vielmehr auf ‚welsch' zurück, da die Frucht von den Römern erst in Gallien eingeführt wurde und sich von dort ins heutige Deutschland verbreitet hat.

Was Ludwig mit dem Krieg zu tun hat

wîc (Substantiv, maskulin)

Kampf, Krieg, Schlacht

Zwar gab es im 12. und 13. Jahrhundert durchaus auch Maßnahmen zur friedlichen Lösung von Fehden, wie etwa diplomatische Missionen auf politischer Ebene oder Friedensbemühungen von Seiten des Klerus, dennoch hatte das Kämpfen als Mittel der sozialen Auseinandersetzung einen hohen Stellenwert. Das zeigt sich auch in der Terminologie. Eines der häufigsten Wörter im Kontext von Gewaltausübung ist das Verb *wîgen* (kämpfen), als Substantiv *wîc*. Letzteres findet sich auch in zahlreichen Zusammensetzungen wie etwa *einwîc* (Einzelkampf bzw. Zweikampf) oder *volcwîc* (Kampf von Heeren gegeneinander, also eine größere Schlacht). Noch prominenter ist nur der *wîgant*, der ‚Held' oder ‚Krieger', wie etwa Parzival im Artusroman[27] oder der christliche Weise Barlaam in der Heiligenlegende.[28] Selbst antike Götter, von denen man auch im christlichen Mittelalter erzählt, werden so benannt: So ist im „Eneasroman" der römische Gott Mars *des wîges got*, also der Gott des Krieges.[29]

Sucht man im heutigen Deutsch nach Formen von *wîgen* oder *wîc*, stößt man auf Nachnamen wie Wiegand (oder Weigand) und Vornamen wie Ludwig oder Hartwig. In Ludwig steckt außer *wîc* noch das althochdeutsche *hlût* (‚laut' im Sinne von ‚bekannt' oder ‚berühmt'), in Hartwig das althochdeutsche *harti* (stark, fest). Die populäre Harry Potter-Reihe hat einen weiteren *wîc*-Namen ins Gedächtnis gerufen: J.K. Rowling nennt Harrys Eule Hedwig. Auch dies ein mittelalterlicher Name, der auf Althochdeutsch noch *Haduwig* hieß und gewissermaßen ein doppeltes kriegerisches Potenzial in sich trägt, denn *hadu* heißt ebenfalls ‚Kampf' oder ‚Schlacht'.

Familie und Soziales

In einer Gesellschaft, die weder ein staatliches Gewaltmonopol noch einen Sozialstaat oder eine Polizei im modernen Sinn kennt, sind andere Formen der Unterstützung und sozialen Bindung wichtig: Im Mittelalter war häufig die Verwandtschaft von zentraler Bedeutung für den gesellschaftlichen Zusammenhalt. Die eigene Familie bot gewissermaßen ein natürliches Band der Gemeinsamkeit, das über eine gezielte Heiratspolitik sogar noch weiter ausgedehnt wurde, wie dies in Adelshäusern lange Zeit der Fall war. Doch konnte dieser Zusammenhalt immer auch kippen: Schon in frühmittelalterlichen Chroniken wie der des Gregor von Tours finden sich enorm viele Familienkonflikte bis hin zum Mord an Geschwistern. Auch die Streitigkeiten unter den Enkeln Karls des Großen sind ein bekanntes Beispiel für familieninterne Zwiste, die sogar zur Teilung des karolingischen Reichs führten. So verwundert es nicht, dass viele literarische Texte, vor allem die Heldenepik, sowohl den Zusammenhalt in der Familie als auch Verwandtschaftskonflikte thematisieren. Dabei werden zahlreiche Wörter genutzt, die wir heute gar nicht mehr oder nur noch in versteckter Form kennen.

barn (Substantiv, neutral)

Kind, Mensch

Wer schon einmal in Skandinavien im Urlaub war, kann vermutlich mit dem Wort *barn* etwas anfangen: Ob an der Kasse eines schwedischen Museums oder in einer dänischen Eisdiele – *barn* ist überall das ‚Kind'. Dieses Wort ist für den deutschsprachigen Urlauber eigentlich nicht fremd, sondern wurde nur im Lauf der Jahrhunderte vergessen: Das Mittelhochdeutsche kennt das Substantiv *barn* als Bezeichnung für ein Kind (oder sogar generell für einen Menschen) noch sehr gut.

Man findet es häufig in der Heldenepik, etwa im „Nibelungenlied". Hier wird zum Beispiel der Held Siegfried als ‚Sohn Siegmunds' bezeichnet: *dô sprach ze sînem gesinde Sigemundes barn: / „wir suln uns ouch bereiten heim in mîniu lant."* (Da sagte der Sohn Siegmunds zu seinen Gefolgsleuten: „Wir sollten in meine Länder heimkehren.")[30] Das Wort kann aber auch generell ‚Mensch' bedeuten. Es findet sich oft in formelhaften Wendungen wie ‚Weltenkinder' (im Sinne von ‚die Menschen auf der Welt'). So heißt es zu Beginn des Versromans „Herzog Ernst": *unglîch sint doch der werlde barn* (Ungleich sind doch die Menschen auf der Welt).[31]

Schon im Mittelhochdeutschen steht das Wort *barn* aber in Konkurrenz zum Wort *kint*, das sich im Deutsch der Neuzeit durchgesetzt hat. Bereits ab dem 15. Jahrhundert lässt sich *barn* nicht mehr in deutschsprachigen Texten finden, es ist aber zu vermuten, dass es mit unserem heutigen Verb ‚gebären' zumindest weitläufig verwandt ist.

Etwas komplizierter wird es allerdings, wenn man berücksichtigt, dass es *barn* im Mittelhochdeutschen auch in einer ganz anderen Bedeutung gab, und zwar in einer ähnlichen, wie es das heutige Englisch kennt: Hier heißt ‚barn' nämlich Scheune! Im Mittelhochdeutschen lässt sich der Unterschied zwischen beiden Worten nur am Geschlecht feststellen: *barn* im Sinne von ‚Kind' ist neutral, *barn* im Sinne von ‚Scheune' (häufig auch in der Bedeutung ‚Futterkrippe') männlich. In einigen Dialekten Süddeutschlands, etwa im Fränkischen, hat sich *barn* in dieser zweiten Bedeutung wesentlich länger gehalten. Das genaue etymologische Verhältnis beider Wörter zueinander ist unklar – eventuell ist *barn* im Sinne von ‚Scheune' mit einem alten Wort für ‚Gerste' verwandt (im Englischen heißt Gerste heute noch ‚barley'), aber auch dies ist unsicher.

Von hohen Zeiten und Hochzeiten

brûtlouf, brûtlouft

(Substantiv, maskulin/feminin/neutral)
Hochzeit, Vermählung

In der höfischen Literatur des deutschen Mittelalters liest man häufig von einer *hôchzît* oder *hochgezît*. Daraus lässt sich zwar schnell unser heutiges Wort ‚Hochzeit' ableiten, das mittelhochdeutsche *hôchzît* hatte aber noch eine sehr viel allgemeinere Bedeutung: Ganz im Wortsinn (‚hohe Zeit') bezeichnet es generell ein Fest – von denen es in Romanen des Mittelalters sehr viele gibt.

Wenn man hingegen nach einem Wort für die Eheschließung im engeren Sinne sucht, landet man bei *brûtlouf.* Diese Bezeichnung, die man wörtlich mit ‚Brautlauf' übersetzen könnte, findet sich immer dann, wenn es explizit um die Vermählung zweier Liebender geht. Das Wort *hôchzît* kann daher durchaus im Kontext der Hochzeitsfeierlichkeiten gebraucht werden, die ja auch ein Fest sind, für die explizite Eheschließung wird es aber eher nicht verwendet. Das folgende Textbeispiel aus dem „Erec"-Roman des Autors Hartmann von Aue zeigt anschaulich die unterschiedlichen Verwendungsweisen von *hôchzît* und *brûtlouf(t).* Beschrieben wird die Hochzeit der beiden Protagonisten Erec und Enite, die von König Artus ausgerichtet wird:

zehant er ûz sande,
swar er mohte gereichen,
brieve und wortzeichen,
daz im die vürsten kæmen
und alle diez vernæmen
von allen landen wîten
ze sînen hôchzîten.
diu brûtlouft wart gesprochen
in der phingestwochen.

(Sogleich sandte er (= Artus) an alle, die er erreichen konnte, Briefe und Boten, daß die Fürsten zu ihm kämen und alle, die es in den weiten Landen vernähmen, hin zu seinem Fest *(hôchzît).* Die Hochzeit *(brûtlouft)* wurde auf die Pfingstwoche festgelegt.)[32]

Über den Hintergrund des Wortes *brûtlouf* gibt es viele Spekulationen: Es könnte auf einen feierlichen Hochzeitszug verweisen, auf das ‚Heimholen' der Braut zum Bräutigam oder – da ‚laufen' ursprünglich auch andere Formen des Bewegens wie springen bezeichnen kann – auf die Feierlichkeiten, die mit der Eheschließung einhergingen. All dies kann wohl nie genau geklärt werden, sicher ist nur, dass spätestens im Lauf des 17. Jahrhunderts das Wort *brûtlouf* weitgehend aus dem Deutschen verschwand, gleichzeitig aber das Wort *hôchzît* seine generelle Bedeutung als Fest verlor und stattdessen für die Eheschließung verwendet wurde. Das an seine Stelle tretende ‚Fest' stammt übrigens aus dem Lateinischen *(festum)* und verbreitete sich ab dem Spätmittelalter immer stärker im Deutschen, womit es wohl zu der Bedeutungsverschiebung von *hôchzît* und dem Verschwinden von *brûtlouf* beigetragen hat. In anderen germanischen Sprachen findet man allerdings heute noch etliche dem mittelhochdeutschen *brûtlouf* entsprechende Bezeichnungen für die Hochzeit, wie etwa das Wort ‚bruiloft' im Niederländischen oder ‚bryllup' im Dänischen und Norwegischen.

Dietrich und das Volk

diet

(Substantiv, maskulin/feminin/neutral)
Leute, Volk

Das mittelhochdeutsche Substantiv *diet* ist in seiner ursprünglichen Form und Bedeutung heute nur noch in einigen Namen präsent. Es bezeichnet nämlich eine Menge an Menschen, eine Gemeinschaft oder ein Volk, und steckt noch in Namen wie Dietrich (der zweite Namensbestandteil meint so viel wie ‚mächtig', d. h. zusammen ‚der Mächtige im Volk') oder Dietmar (hier kombiniert mit dem Wort *mære* in der Bedeutung ‚berühmt' – siehe *mære*, Seite 77 –, d. h. zusammen ‚der Berühmte im Volk'). In literarischen Texten des deutschen Mittelalters findet sich das Wort in einer breiten Verwendung, die von einer kleinen Gruppe an Leuten bis zu den Einwohnern eines ganzen Landes reicht. In einem Roman über Karl den Großen etwa wird dem Verräter Genelun Herrschaft über Land und Leute angeboten: *so sult ir gebieten / in landen und in dieten, / in mines herren rîchen* (So sollt ihr über die Länder und Einwohner im Reich meines Herren gebieten).[33] Im „Parzival"-Roman des Dichters Wolfram von Eschenbach werden hingegen die Mitglieder der Tafelrunde als *diet* bezeichnet: *man sach Artûsen komen dort / mit der tavelrunder diet* (Man sah Artus dort kommen mit den Mitgliedern der Tafelrunde).[34]

Dieses breite Bedeutungsspektrum schlägt sich unter anderem darin nieder, dass das Wort *diet* mit ganz unterschiedlichem Geschlecht auftaucht: es kann sowohl maskulin, wie feminin oder neutral verwendet werden. Häufig wird es auch mit anderen Wörtern kombiniert, um so näher zu bezeichnen, wer gemeint ist. So gibt es zum Beispiel die Kombination *varunde diet* (fahrendes Volk): *die varunde diet begunde gan / vor den Dietherichis disch* (Die Fahrenden begannen, vor Dietrichs Tisch hin zu ziehen).[35] In den lyrischen Texten des beliebten Dichters Neidhart bezeichnet *dörperdiet* ein dörfliches ‚Bauernvolk': *das hat verworren nu ein ungefüge dórperdiett*

(Dies hat nun ein grobes Bauernvolk durcheinandergebracht).[36]

Auch wenn uns das Wort *diet* auf den ersten Blick fremd erscheint, hat es in der Moderne doch eine erstaunliche Verbreitung erfahren: Es ist nämlich mit unserem heutigen Wort ‚deutsch' verwandt! Schon im frühen Mittelalter fing man an, begrifflich zwischen einer ‚Volkssprache' (lateinisch *theodiscus*) und einer Gelehrtensprache (dem Latein) zu unterscheiden. Das lateinische Wort *theodiscus* ist dabei selbst eine Entlehnung aus Wörtern der germanischen Sprachfamilie, die ‚Gemeinschaft, Volk' meinen, wie etwa dem altniederdeutschen *thiod.*

Während *theodiscus* anfangs noch als Sammelbezeichnung für germanische Sprachen generell fungierte, engte sich die Begriffsverwendung im Lauf der Jahrhunderte immer weiter auf die deutsche Sprache ein. Schon in mittelalterlichen Texten gibt es die Form *diutisch*, die sich stärker auf das deutsche Sprachgebiet oder die Menschen, die Deutsch sprechen, bezog. Die heute über dem Reichstagsgebäude zu findende Inschrift „Dem deutschen Volke" wäre im ursprünglichen Wortsinn von deutsch als ‚dem Volk zugehörig' somit eine redundante Doppelung (also ein Pleonasmus).

So wie der Begriff des ‚Volkes' wegen seiner politischen Vereinnahmung durch rechte Kreise heute nicht mehr unproblematisiert verwendet werden sollte, hat auch das Wort *diet* eine kurze, unrühmliche Renaissance unter den Nationalsozialisten erlebt: In den 1930er-Jahren führten diese nämlich in Sportvereinen den sogenannten ‚Dietwart' ein, der auf die „völkische" Gesinnung der Vereinsmitglieder zu achten hatte.

kebse, auch kebese

(Substantiv, feminin)
Nebenfrau, Konkubine

Leser·innen mittelalterlicher Literatur ist das Substantiv *kebse* vor allem aufgrund seiner zentralen Bedeutung im „Nibelungenlied“ bekannt: Von ihren jeweiligen Männern Siegfried und Gunther über deren politisches Rangverhältnis getäuscht, geraten die Königinnen Brünhild und Kriemhild in einen Streit darüber, wer von beiden die Ranghöhere sei. Brünhild argumentiert, Siegfried sei nur der Leibeigene Gunthers – Kriemhild hingegen, die von Siegfrieds Rolle in der Hochzeitsnacht von Brünhild und Gunther weiß, kontert mit dem Argument, dass Brünhild die Nebenfrau eines Leibeigenen sei:

Dô sprach diu schœne Kriemhilt, zornec was ir muot:
„kundestu noch geswîgen, daz wære dir guot.
du hâst geschendet selbe den dînen schœnen lîp.
wi mohte mannes kebse werden immer küniges wîp?“
„Wen hâstu hie verkebset?“ sprach dô des küniges wîp.
„daz tuon ich“, sprach Kriemhilt, „den dînen schœnen lîp,
den minnet êrste Sîfrit, der mîn vil lieber man.“

(Da sagte die schöne Kriemhild voll Zorn: „Hättest Du nur geschwiegen, wäre das gut für Dich gewesen. So aber hast Du Dich selbst entehrt. Wie hätte denn jemals die Nebenfrau eines Leibeigenen die Frau eines Königs werden können?“ „Wen hast Du hier Nebenfrau genannt?“, fragte da die Frau des Königs. „Ja“, antwortete Kriemhild, „ich meine

Deinen schönen Körper. Den hat zuerst Siegfried, mein lieber Mann, besessen.")[37]

Der zentrale Vorwurf liegt hier also im Substantiv *kebse*, das auch gleich als Verb *(verkebsen)* gebraucht wird. Gemeint ist damit eine Art Nebenfrau oder Konkubine, also eine Beziehung außerhalb der Ehe, die zwar wenig prestigeträchtig ist, aber durchaus öffentlich geführt werden konnte. Auch wenn das Wort nicht nur im „Nibelungenlied", sondern auch in anderen mittelhochdeutschen Texten häufiger gebraucht wird, sind seine etymologischen Wurzeln weitgehend unklar. Das Altenglische kennt ein verwandtes Wort *(cifes)*, doch hat es auch dieses nicht ins moderne Englisch geschafft. Die sprachhistorischen Versuche, das Wort herzuleiten, haben bisher alle nicht restlos überzeugt. Doch ist das Wort (wie auch die Nebenehe selbst) im mittelalterlichen Adel durchaus häufig und in verschiedenen Kombinationen anzutreffen. In Konrads von Würzburg mittelhochdeutschem Roman über den Trojanischen Krieg heißt es etwa über Margariton, einen der vielen Söhne des Priamos, er sei dessen *kebesbarn* (siehe *barn*, Seite 49), also das Kind einer Nebenfrau:

si fuorte MARGARÎTON,
der mit ir dô kam gefarn,
er was PRÎANDES kebesbarn
und was iedoch den êren holt.

(Margariton führte sie (= die Schar der Griechen) an, er war mit dieser dorthin gefahren. Er war ein Kind der Nebenfrau des Priamos. Dennoch stand er in hohem Ansehen.)[38]

Eine andere Bezeichnung für das Kind aus einer Verbindung zu einer *kebse* ist übrigens das mittelhochdeutsche Wort *kegel*, das wir heute noch in der stehenden Wendung ‚mit Kind und Kegel' verwenden. Schon im Spätmittelalter ist das Substantiv *kebse* dann aber nur noch selten zu finden, spätestens ab dem 17. Jahrhundert wird es durch das aus dem Französischen übernommene ‚Mätresse' ersetzt. Das Wort *kebse* erlebte allerdings – wie etliche verschwundene Wörter – ein kurzes Revival im Zuge der Mittelalterbegeisterung der Romantik. Genutzt wurde es hier meist in der Zusammensetzung ‚Kebsweib' – anscheinend war bereits im 18. und 19. Jahrhundert das alte Wort *kebse* allein nicht mehr verständlich.

Zwischen Queen und Gynäkologie

kone (Substantiv, feminin)

Frau, Ehefrau

Das mittelhochdeutsche Wort *kone* ist eines jener Wörter, die heute nicht mehr verständlich sind, uns aber nach einer kleinen etymologischen Entdeckungsreise vielleicht gar nicht mehr so fremd vorkommen. Dazu muss man allerdings in der Sprachgeschichte weit zurückgehen: Im Althochdeutschen hieß dieses Substantiv noch *quena* – ein Wort, das nicht zufällig an das englische ‚queen' erinnert, mit dem es nämlich verwandt ist. Im Englischen hat sich also die Bedeutung des Wortes als generelle Bezeichnung weiblicher

Personen zugespitzt auf die weibliche Königin. Geht man noch weiter zurück, lässt sich sogar eine etymologische Verwandtschaft zwischen *kone* und dem altgriechischen Wort *gyné* feststellen, das ebenfalls ‚Frau' meint und heute noch in der Arztbezeichnung ‚Gynäkologe/Gynäkologin' präsent ist.

Wie aber wurde *kone* im deutschen Mittelalter verwendet? Hier ist in der Regel die rechtliche Ehefrau eines Mannes gemeint – im Gegensatz zur etwaigen Nebenfrau, der *kebse*. Ulrich von Liechtenstein erzählt etwa in seinem „Frauendienst" davon, wie ihn zwei Männer zu Hause überfallen, sein Haus plündern und seine Familie vertreiben:

Ez heten dise zwene man
ir chnehte bi minem tor lan,
die underwunden sichs zehant,
swaz man da in dem huse vant,
der minen balde man do uz treip,
daz ir decheiner da beleip.
do lief zuo mir die chone *min,*
diu schre: „ouwe, waz sol ditz sin?"

(Die beiden hatten bei dem Tor dort ihre Knechte wartend steh'n, die fingen sogleich damit an, daß sie die Meinen trieben weg, die man in meinem Hause fand, bis keiner mehr dort drinnen war. Nun kam auch meine Ehefrau, die schrie: „Oh weh, was soll das sein?")[39]

Im „Parzival" des Autors Wolfram von Eschenbach sind es hingegen die Gralsritter, die keine *kone* haben dürfen, da sie sich ganz dem Dienst für den Gral verschreiben sollen:

swer sich diens geim grâle hât bewegn,
gein wîben minne er muoz verpflegn:
wan der künec sol haben eine
ze rehte ein konen reine,
unt ander die got hât gesant
ze hêrrn in hêrrenlôsiu lant.

(Wer sich entschlossen hat, dem Gral zu dienen,
der muss auf die Liebe zu den Frauen verzichten.
Bloß der König, der hat als einziger das Recht,
eine reine Frau zu nehmen, das dürfen außer ihm
nur die, die Gott als Herren in herrenlose Länder
gesandt hat.)[40]

In diesem Zitat taucht bereits ein Wort auf, das schon im Mittelalter die *kone* allmählich ersetzte: das *wîb*. Dieses Substantiv ist im Mittelhochdeutschen noch eine neutrale Bezeichnung für eine Frau und hat nicht die abwertende Bedeutung, die seinem neuhochdeutschen Pendant ‚Weib' zukommt. In einigen Zusammensetzungen (etwa *konleute* – Eheleute) existierte *kone* noch bis in die Frühe Neuzeit, dann verschwand es ganz aus dem deutschen Wortschatz. Nur im Dänischen bezeichnet ‚kone' immer noch die Ehefrau. Immerhin hilft das Wort uns heute noch, die Verbindung zwischen ‚queen' und ‚Gynäkologie' zu verstehen!

künne, auch kunne

(Substantiv, neutral)
Geschlecht, Verwandtschaft, Familie

Unser heutiger Begriff ‚verwandt' stammt aus dem 15. Jahrhundert und hat etwas mit ‚wenden' zu tun, es ist gewissermaßen das ‚in die gleiche Richtung gewendete oder weisende', also das ‚verbundene', oder eben: ‚verwandte'. Das mittelhochdeutsche *künne* ist hingegen sehr viel älter und in anderen germanischen Sprachen Europas durchaus noch lebendig. So ist zum Beispiel ‚kin' im Englischen ein etwas veralteter, aber durchaus noch geläufiger Begriff für Verwandtschaft, der sich vor allem in Formeln wie ‚next of kin' (‚der nächste Angehörige') gehalten hat (im Altenglischen lautete das Wort noch *cynn*).

In der deutschsprachigen Literatur des Mittelalters ist das *künne* auch deshalb so wichtig, weil es die Identität der Figuren definiert: Verwandtschaft und Abstammung waren maßgeblich dafür, welche Möglichkeiten der Einzelne hatte. Als etwa Siegfried im „Nibelungenlied" zum ersten Mal an den Hof der Burgunden in Worms geritten kommt, erkennt ihn dort niemand außer Hagen, der von Siegfrieds Drachentötung weiß. Als man ihn daraufhin fragt, ob man diesen gefährlichen Mann begrüßen könne, antwortet er: *„Daz mugt ir", sprach dô Hagene, „wol mit êren tuon. / er ist von edelem kunne, eines rîchen kunegs sun."* („Das könnt Ihr gut tun", sagte Hagen, „ohne Euch etwas dabei zu vergeben. Er stammt aus edlem Geschlecht, denn er ist der Sohn eines mächtigen

Königs.“)[41] Das *kunne*, die Verwandtschaft oder Abstammung, zeigt, dass Siegfried trotz der problematischen Vorgeschichte (Kampf mit Drachen und Zwergen) ein dem Wormser Hof gleichgestellter Adliger ist.

Das Wort *künne* hat daher immer auch etwas mit dem ‚Geschlecht‘ zu tun, und zwar in dem Sinne, wie wir heute noch sagen, dass eine bestimmte Person aus dem ‚Geschlecht X‘ stammt. Geht man bis auf sehr frühe Sprachstufen zurück, kann man auch einen Zusammenhang mit dem lateinischen *genus* entdecken. Sucht man hingegen nach heutigen Worten, die noch mit *künne* verwandt sind, so wird man bei ‚Kind‘ und ‚König‘ fündig. Beide Wörter haben etwas mit Familie und Abstammung zu tun: Der König, im Mittelhochdeutschen noch *künic* oder *künec*, bedeutete ursprünglich ‚Mann aus einem vornehmen Geschlecht‘ und zeigt damit die enge Verbindung von Abstammung und Herrschaft im Mittelalter.

Von Richard Wagner reaktiviert

mâc (Substantiv, maskulin)

Verwandter

Wer schon einmal eine Oper Richard Wagners gehört hat, dem wird schnell aufgefallen sein, dass Wagner häufig Wörter in seine Libretti einbaut, die schon zu seinen Lebzeiten veraltet waren. Diese Versuche, gezielt eine ältere Sprachstufe zu simulieren, sind dabei mal mehr, mal weniger gelungen. Es ist aber in jedem Fall gut, sich mit verschwundenen Wörtern auszukennen, wenn man den Texten Wagners folgen will. Wer sich etwa seine Tetralogie „Ring des Nibelungen“ anhört, der wird sich vielleicht wundern, wenn Siegmund, der spätere Vater Siegfrieds, in der „Walküre“ plötzlich vermeintlich vom Verdauungstrakt der Sippe singt:

Siegmund (immer lebhafter):
Ein trauriges Kind
rief mich zum Trutz:
vermählen wollte
der Magen Sippe
dem Mann ohne Minne die Maid.[42]

Dass hier keinesfalls das Organ ‚Magen‘ gemeint ist, sondern ein mittelalterliches Wort für Verwandtschaft, zeigt ein Blick auf ein vergessenes Wort des Deutschen: der *mâc* (oft auch *mâge*, feminin *mæginne*) als Ausdruck für einen engen Verwandten. Obwohl dieses Wort im Plural – *mâgen* – fast so aussieht wie unser heutiges Wort für das Verdauungsorgan, hat es einen ganz anderen Hintergrund. Es zählt nämlich zu jener Gruppe von Verwandtschaftsbezeichnungen, die im Mittelalter noch sehr populär waren, dann aber vergessen wurden (siehe *künne*, Seite 60). Es findet sich in der Vormoderne nicht nur im Deutschen, sondern ebenso in anderen germanischen Sprachen (altenglisch *mǣg*, altnordisch *māgr*), hat sich aber heute nur in skandinavischen Sprachen erhalten, in denen das Wort ‚måg‘ oft noch als Bezeichnung für einen Schwiegersohn zu finden ist.

Angesichts des zentralen Stellenwerts der Verwandtschaft für den sozialen Zusammenhalt wundert es nicht, dass das Wort *mâc/mâge* nicht nur sehr häufig in literarischen Texten auftaucht (in denen dann aber eher von desaströsen Familienkonflikten erzählt wird ...), sondern auch viel variiert und kombiniert wird. So findet sich etwa im sogenannten „Deutschenspiegel", einem mittelalterlichen Rechtstext, die Zusammensetzung *nagelmâge*.[43] Kontext ist hier die Bestimmung von Verwandtschaftsgraden im Erbschaftsfall (ein durchaus auch heute noch viel diskutiertes Feld): Dabei zählt man an der eigenen Hand die Nähe der Verwandtschaft ab, indem man am Handrücken beginnt und dann die drei Knöchel und die drei Teile des Mittelfingers durchgeht, um beim Fingernagel am siebten und entferntesten Verwandtschaftsgrad anzukommen.

In literarischen Texten steht hingegen stärker die Frage nach Zusammenhalt und Konflikten in der Verwandtschaft im Zentrum. Das bekannteste Familiendrama des Mittelalters ist sicherlich das „Nibelungenlied", in dem verwandtschaftliche Spannungen mit zum Untergang der Burgunden führen. Doch auch hier bildet Verwandtschaft gleichzeitig das zentrale soziale Gefüge. Als etwa Kriemhild nach der Ermordung ihres Mannes Siegfried von dessen Vater Siegmund angeboten wird, mit ihm zusammen nach Xanten zurückzukehren, (wo immerhin auch Kriemhilds und Siegfrieds gemeinsamer Sohn aufwächst), entschließt sie sich dennoch in Worms zu bleiben, da dort ihre Verwandten leben – auch wenn diese am Schicksal Siegfrieds nicht ganz unschuldig sind ...

Si sprach: „herre Sigemunt, jâne mac ich rîten niht.
ich muoz hie belîben, swaz halt mir geschiht,
bî den mînen mâgen, di mir helfen klagen."

(Sie entgegnete: „Herr Siegmund, ich kann nicht mit Euch reiten. Ich muss hierbleiben, was mir auch geschehen mag, bei meinen Verwandten, die mir mein Leid tragen helfen.") [44]

Trotz dieser weiten Verbreitung des Wortes im Mittelhochdeutschen war *mâc/mâge* bereits im 17. Jahrhundert in der deutschen Sprache kaum noch anzutreffen – bis Richard Wagner es im 19. Jahrhundert kurzzeitig wieder reaktivierte.

Kultur und Religion

Das europäische Mittelalter war stark von der christlichen Religion geprägt. Dies wirkte sich natürlich auch auf die Produktion von deutschsprachiger Literatur aus – so zählten Heiligenlegenden zu den beliebtesten Erzählgattungen. Doch auch in anderen Texten werden religiöse Vorstellungen mit Wörtern und Begriffen bezeichnet, die uns heute nicht mehr geläufig sind. Gleichzeitig setzte sich jedoch mit der von Frankreich übernommenen höfischen Kultur eine neue Lebensweise des weltlichen Adels durch, die zwar christlich geprägt war, aber auch andere kulturelle Praktiken in den Mittelpunkt rückte: Diese reichten vom richtigen sozialen Verhalten über angemessene Tischsitten bis hin zu neuen literarischen Ausdrucksweisen, wie etwa dem Minnesang.

berht (Adjektiv)

leuchtend, glänzend, hell

Ein Blick in die Geschichte der deutschen Sprache zeigt manchmal auch Verbindungen und Gemeinsamkeiten zwischen heutigen Wörtern auf, die sonst nie aufgefallen wären. Was hat etwa der Baum Birke mit dem Namen Herbert zu tun? Um dies herauszufinden, beschäftigen wir uns mit dem Adjektiv *berht*.

Im Mittelhochdeutschen besaß *berht* (teilweise auch *berhtel* geschrieben) die Bedeutung von ‚hell', ‚glänzend'. Im „Ezzolied" etwa, einem frühen Text über das Leben Christi, der wohl von einem gewissen Ezzo gedichtet wurde, beschreibt das Wort helle Sterne. Diese schaffen es – im Kontext des Sündenfalls – allerdings nicht, die verdunkelte Nacht zu erhellen:

Duo sih adam geviel
duo was naht unte vinster.
duo irscinen an dirre werlte
di sternen bire ziten.
di der vil luzzel liehtes beren,
so berhte so si waren
wante siu beschatewote
diu nebelvinster naht.

(Als Adam gefallen war, da wurde es Nacht und Finsternis. Da erschienen an dieser Welt die Sterne zu ihren Zeiten. Ihr bringen sie sehr wenig Licht, so hell sie auch waren; denn sie beschattete die nebelfinstere Nacht.)[45]

Der Sprachforscher und Märchensammler Jacob Grimm ging noch davon aus, dass es in der vorchristlichen Kultur eine Göttin namens ‚Bercht' oder ‚Percht/Perchta' gegeben habe, also ‚die Glänzende'. Dies sieht man heute etwas kritischer, denn konkrete Belege dafür sind schwer zu finden. Unbestritten ist jedoch, dass das Wort *berht* häufiger in religiösen Kontexten auftaucht. So wird etwa der Dreikönigstag (6. Januar) in einigen Texten des Mittelalters als *berhttac* bezeichnet, also als ‚leuchtender Tag'. Hier liegt anscheinend eine Übertragung des ursprünglich griechischen Namens vor: ‚Epiphanie', die (leuchtende) Erscheinung. Und in einigen Gebieten der Schweiz feiert man noch heute am 6. Januar den ‚Berchtoldstag', der sich nicht von einer Person namens Berchtold, sondern ebenfalls vom mittelhochdeutschen *berht* ableitet.

Aber was ist nun mit Herbert und der Birke? In beiden ist das *berht* noch versteckt zu finden: Das ‚bert' in Herbert (oder in Albert usw.) ist die zusammengezogene Form von *berht*, der Namensbestandteil meint ‚glänzend', im übertragenen Sinne auch ‚berühmt'. Auch der Name der Birke ist über verschiedene Zwischenstufen mit *berht* verwandt – wenn man an ihre helle, weiße Rinde denkt, erklärt sich dies leicht. Als eigenständiges Wort wird *berht* aber seit dem Ende des Mittelalters im Deutschen nicht mehr verwendet, bei unseren britischen Nachbarn lebt es jedoch im Adjektiv ‚bright' weiter.

glast (Substantiv, maskulin)

Glanz, Schein, Leuchten

Das Wort *glast* ist eines jener Wörter, die aus unserem heutigen Sprachgebrauch zwar noch nicht ganz verschwunden sind, aber auf dem besten Wege sind, vergessen zu werden. Als literarisch-poetisches Wort für ‚Glanz' oder ‚Leuchten' ist es nur noch wenigen geläufig, während es im Mittelalter sehr populär war. Da *glast* jedoch dieselben etymologischen Wurzeln hat wie ‚Glas' oder ‚Glanz', erscheint es uns vertrauter als andere vergessene Wörter des Mittelhochdeutschen.

Die Beliebtheit des Wortes in der mittelhochdeutschen Literatur rührt auch daher, dass viele literarische Texte höfisches Treiben möglichst anschaulich beschreiben wollen: Die Auftritte leuchtender Ritter, der Schein der Sonne auf den Waffen oder die Ausstrahlung schöner Frauen werden oft ausufernd geschildert. Die mittelalterliche Kultur ist stark geprägt von sehen und gesehen werden, entsprechend ausführlich widmen sich die Texte dem Aussehen und Auftreten der literarischen Figuren. Besonders deutlich ist dies im „Parzival"-Roman Wolframs von Eschenbach. Hier wird der noch junge Parzival morgens von Hofdamen gewaschen – worauf ein wahrer Wettstreit beginnt: Es glänzt die aufgehende Sonne, die Schönheit der jungen Damen, am hellsten aber Parzival selbst:

ez dorft in dunken niht ze fruo:
wan von in schein der ander tac.
der glast alsus en strîte lac,

sîn varwe laschte beidiu lieht:
des was sîn lîp versûmet nieht.

(Er (= Parzival) hatte keinen Grund zu glauben, es sei noch früh am Morgen, denn von ihnen glänzte ihm ein zweiter Tag. Da lag die Sonne mit dem Glanz der Mädchen in Streit – seine Farbe aber löschte beider Glänzen aus. So wurde an seinem Leib keine Aufmerksamkeit gespart.)[46]

Das Wort *glast* wird aber auch in religiösen oder naturkundlichen Zusammenhängen verwendet, etwa im „Buch der Natur“ des Konrad von Megenberg, in dem dieser ein sogenanntes Sphärenmodell beschreibt. Das in der Antike wie im Mittelalter verbreitete Modell stellt den Kosmos als ein kugelförmiges System dar: in der Mitte die Erde, um die herum die Bahnen der Planeten sowie Sonne und Mond in konzentrischen Kreisen angeordnet sind. Im äußersten Kreis, den Konrad *himel* (Himmel) nennt, verortet er den Sitz Gottes:

der êrst und der obrist stêt still und welzt niht. der haizt ze latein empireum, daz ist der feurein himel, dar umb, daz er glestent und scheint mit wunderleichem grôzem glast. dar inne ruowet got mit seinen auzlieben.

(Der erste und oberste (Himmel) steht still und dreht sich nicht. Dieser heißt auf Latein Empyreum, das bedeutet Feuer-Himmel, und zwar weil er glänzt und scheint mit wunderbar großem Leuchten. Darin ruht Gott mit seinen Auserwählten.)[47]

In der Neuzeit hat sich das Wort vor allem in der literarisch-poetischen Sprache gehalten, wird aber auch hier immer seltener genutzt. Mitte des 19. Jahrhunderts verwendete es Annette von Droste-Hülshoff in ihrem bekannten Gedicht „Das Spiegelbild“:

Doch von des Auges kaltem Glast,
Voll todten Lichts, gebrochen fast,
Gespenstig, würd, ein scheuer Gast,
Weit, weit ich meinen Schemel rücken.[48]

Die Klugheit von Hugo und Hubert

hügen (Verb)

denken, gedenken, planen

Ein in vielen germanischen Sprachen des Mittelalters noch weit verbreitetes Wort für ‚Gedanken‘ oder ‚Verstand‘ wird mit der Silbe *hug-* gebildet. Es ist heute vielleicht manch einem noch bekannt als Namensbestandteil eines der beiden Raben Odins, der Hugin heißt. Doch nicht nur im Altnordischen, auch im Mittelhochdeutschen lässt sich das Wort in verschiedenen Formen finden. So gibt es etwa das Substantiv *gehügede*, das sich mit ‚Gedächtnis‘ oder ‚Andenken‘ übersetzen lässt und vor allem in geistlichen Texten des deutschen Mittelalters Verwendung fand. So etwa im Roman „Barlaam und Josaphat“ des Rudolf von Ems, einem Text, der von der Bekehrung des Prinzen Josaphat durch den Gelehrten Barlaam handelt. Der Erzählstoff stammte ursprünglich aus Asien und hatte buddhistische Inhalte, wanderte dann aber über den arabischen Raum bis nach Europa, wo man ihn mit christlichen Gedanken versah. Im folgenden Ausschnitt zitiert Barlaam Jesus, als dieser beim letzten Abendmahl Brot und Wein mit seinen Jüngern teilt:

„diz ist mîn lîp, nemt ez hin
und ezzet ez. nemt in den sin,
daz ez mîn lîp ist und mîn bluot.
swenn irz in mînem namen tuot,
daz ist in der ***gehügede*** *mîn,*
des sult ir âne zwîvel sîn."

(„Dieses ist mein Körper, nehmt es (= das Brot) entgegen und esst es. Merkt euch, dass es mein Körper und mein Blut ist. Wann auch immer ihr dies in meinem Namen tut, dann geschieht dies in meinem Andenken, daran sollt ihr keinen Zweifel haben.")[49]

Sehr viel häufiger und nicht nur im geistlichen Kontext findet sich jedoch das Verb *hügen*, im Sinne von ‚denken' oder ‚planen'. So denkt zum Beispiel der verwundete Artusritter Erec bereits wieder an den Aufbruch vom Krankenbett, nachdem er ein heilendes Pflaster von der Zauberin Famurgan erhalten hat – der Fee übrigens, nach der die Luftspiegelung Fata Morgana benannt ist:

daz selbe phlaster machete si guot
von allem ir sinne,
dâ mite diu küneginne
Êrecke die wunden verbant.
des phlasters güete er wol emphant:
wan als er verbunden wart,
dô ***hügete*** *er wider ûf die vart.*

(Das Pflaster hatte sie mit all ihrer Kunst heilkräftig gemacht, mit dem die Königin Erecs Wunde verband. Die Wirkung des Pflasters spürte er gut, denn sobald er verbunden war, plante er schon die Abreise.)[50]

Schon im Spätmittelalter sind *gehügede* und *hügen* nur noch selten anzutreffen, bis heute gehalten hat sich jedoch die Silbe *hug* in etlichen Namen: Hugo oder Hubert haben noch die alte Bedeutungsebene der Klugheit, ebenso der davon abgeleitete und in Norddeutschland populäre Vorname Hauke.

Sprachgeschichtliches Durcheinander

leich (Substantiv, maskulin)

bestimmte Liedform des Minnesangs

Bei diesem Wort wird es wirklich kompliziert: Wie hängt eine Prunkform des Minnesangs mit dem Laich von Fischen zusammen? Was hat das Ganze mit dem mittelhochdeutschen Verb *leichen* zu tun? Und wo kommt eigentlich unser Wort ‚Leiche' her? Fangen wir bei dem mittelalterlichen Verb *leichen* an: Dieses hat einen sehr breiten Bedeutungsspielraum, der einerseits spielerische Formen der Bewegung, wie ‚hüpfen' und ‚springen' umfasst, andererseits aber auch unserem heutigen Verb ‚betrügen' entspricht. So dichtete Oswald von Wolkenstein im Spätmittelalter:

güt hoffnung tüt mich waichen,
das ich ir wolgetraw;
ich fürcht, si werd mich laichen,
wie vil ich auf sei paw.

(Frohe Hoffnung entfernt sich von mir, auch wenn ich ihr viel vertraut habe. Ich fürchte, dass sie mich betrügen wird, selbst wenn ich oft auf sie setze.)[51]

Mit dem Aufkommen des Minnesangs Ende des 12. Jahrhunderts setzte sich dann auch das Substantiv *leich* als Bezeichnung für eine bestimmte Liedfolge mit ungleichen Strophen durch, wobei unklar ist, ob sich das Wort vom mittelhochdeutschen Verb *leichen* ableitet (der Minnesang also ein ‚Spiel' mit Liedern wäre), oder auf das altfranzösische *lai* als Bezeichnung eines kurzen Textes oder Lieds zurückgeht. In literarischen Texten kommt *leich* häufig dann vor, wenn allgemein Musik produziert wird, wie etwa im „Tristan"-Roman des Gottfried von Straßburg: Hier verfügt der Protagonist über zahlreiche höfische Fähigkeiten, zu denen auch das Musizieren zählt. In einer Szene singt Tristan vor dem versammelten Hof und wird gebeten, einen weiteren *leich* vorzutragen – dieser thematisiert dann die unglückliche Liebesgeschichte von Pyramus und Thisbe, gewissermaßen die Vorgänger von Romeo und Julia (und natürlich von Tristan und Isolde):

„mû voluntiers!" sprach Tristan.
rîlîche huob er aber an
einen senelîchen leich als ê
de la cûrtoise Tispê
von der alten Bâbilône.

(„Sehr gerne!“ sagte Tristan. Gewaltig begann er abermals ein Liebeslied wie zuvor, von der vornehmen Thisbe aus dem alten Babylon.)[52]

Während *leich* als Bezeichnung eines Lieds nach dem Spätmittelalter verschwand, hat sich in unserem heutigen Substantiv ‚Laich‘ das mittelhochdeutsche *leich* in der Bedeutung eines ‚(Liebes-)Spiels‘ erhalten. Bis weit ins 18. Jahrhundert hießen die Eier von Fischen noch *leich*, erst dann änderte man die Schreibweise in ‚Laich‘, um das Wort klarer von ‚Leiche‘ abzugrenzen. Letzteres hat übrigens nichts mit dem mittelhochdeutschen *leich* zu tun, sondern leitet sich von *lîch* bzw. *lîchname* ab, was allerdings im Mittelalter häufig noch generell die Bedeutung ‚Körper‘ oder ‚Gestalt‘ hatte. Man merkt, dass es in der Sprachgeschichte mitunter durcheinander zugeht!

Von der Mär zum Märchen

mære

(Substantiv, neutral/teils auch feminin)
Erzählung, Nachricht

Das Wort *mære* ist heute noch in einigen Formen präsent, denn daraus leitet sich die neuhochdeutsche ‚Mär‘ ab, die wir vor allem in der Verkleinerungsform ‚Märchen‘ kennen. Doch während ‚Märchen‘ heute eine bestimmte Erzählgattung bezeichnet, hatte *mære* im Mittelalter eine viel allgemeinere Bedeutung: teils war generell eine

Erzählung gemeint, teils eine Nachricht, ein Gerücht oder eine Neuigkeit. Letzteres kommt auch in dem dazugehörigen Verb *mæren* zum Tragen, das sich mit ‚verkünden' oder ‚rühmen' übersetzen lässt. Genau wie beim Adjektiv *mære* (berühmt) zeigt sich hier, dass Ruhm etwas mit Erzählen zu tun hat: Berühmt wird man erst, wenn von einem erzählt wird. Es ist daher wenig überraschend, dass man in mittelhochdeutschen Texten, in die häufig Binnenerzählungen von berühmten Rittern eingebaut wurden, ständig auf die Wortgruppe rund um *mære* trifft. Sehr bekannt ist etwa die Anfangspassage des „Iwein"-Romans, in der sich der Dichter Hartmann von Aue zunächst selbst vorstellt:

Ein rîter der gelêrt was
unde ez an den buochen las,
swenner sîne stunde
niht baz bewenden chunde,
daz er ouch tihtens pflac,
daz man gerne hœren mac,
dâ chêrt er sînen flîz an.
er was genant Hartman
und was ein Ouwære,
der tihte diz mære.

(Ein Ritter war schriftgelehrt und las in Büchern; wenn er mit seiner Zeit nichts Besseres anzufangen wusste, dichtete er auch noch. Was man zu hören Lust hat, darum bemühte er sich; er hieß Hartmann und war aus Aue; der dichtete diese Geschichte.)[53]

Während das *mære* bei Hartmann von Aue ganz klar eine schriftliche Erzählung ist, begegnet uns das Wort aber auch als Bezeichnung für eine mündliche Rede, so etwa in der nicht weniger bekannten Eingangsstrophe des „Nibelungenlieds“:

Uns ist in alten mæren wunders vil geseit / von helden lobebæren, von grôzer arebeit, / von fröuden, hôchgezîten, von weinen und von klagen, / von küener recken strîten muget ir nu wunder hœren sagen.

(Uns wird in alten Erzählungen viel Wunderbares berichtet von berühmten Helden, großer Mühsal, von glücklichen Tagen und Festen, von Tränen und Klagen und vom Kampf tapferer Recken könnt Ihr jetzt Erstaunliches erfahren.)[54]

Unser heutiges Wort ‚Märchen‘ ist erst seit den Sammlungen der Grimm-Brüder im frühen 19. Jahrhundert populär geworden. Schon im Mittelalter existieren allerdings Kurzerzählungen, die von der germanistischen Forschung heute als ‚Märe‘ bezeichnet werden. Inhaltlich unterscheiden sie sich aber deutlich von den Erzählungen, welche die Grimms sammelten und bearbeiteten. Sie sind teils deutlich drastischer und obszöner, teils aber auch stärker auf eine christliche Lehre bezogen. Während sich im Wort ‚Märchen‘ aber immerhin der Bedeutungshorizont des Erzählens erhalten hat, ist ein anderer Aspekt gänzlich abhanden gekommen: das Berühmte. Nur in einigen Namen ist er noch versteckt vorhanden, so etwa in Dietmar: Der Name bezeichnet jemand, der in seinem Volk berühmt ist (siehe *diet*, Seite 52).

spel (Substantiv, neutral)

Erzählung, oft auch: lügenhafte Geschichte

Als Parzival, der Titelheld in Wolframs von Eschenbach berühmtem Roman, nach vielen Irrungen und Wirrungen wieder in die Gralsburg kommt, wird er mit einer großen Zeremonie begrüßt. Dabei ereignet sich Wundersames: Der Gral produziert für die Feier unendlich viele köstliche Speisen. Der Erzähler mag dieses Wunder allerdings nicht näher beschreiben, sondern formuliert kurz und bündig: *daz wurde ein alze langez spel: / ich wil der kürze wesen snel* (Das würde eine allzu lange Erzählung werden, ich will mich lieber schnell kurz fassen).[55]

Das hier von Wolfram von Eschenbach genutzte Wort *spel* ist ein sehr häufig anzutreffender mittelhochdeutscher Begriff für unterschiedliche Arten von Erzählungen. Beschreibt es in diesem Fall einen erstaunlichen, aber erfreulichen Vorgang, so kann *spel* an anderen Stellen auch abwertend für eine ‚unwahre Geschichte' oder sogar eine glatte Lüge stehen: *ez ist ein wârheit, niht ein spel* (Es ist die Wahrheit, keine Lügenerzählung), heißt es im „Lanzelet"-Roman.[56] Generell scheint sich das *spel* auf etwas Ausgedachtes, nicht Reales zu beziehen. So vergleicht die „Kaiserchronik" das *spel* mit einem Traum: *„Silvester, dû wil mir ain spel sagen, / sam der ainen troum hât gesehen. / mahtû von den puochen reden?"* („Silvester, du willst mir eine Erzählung vortragen, wie jemand, der einen Traum geträumt hat. Kannst du von Büchern sprechen?").[57]

Das Wort existierte auch in anderen germanischen Sprachen, hat sich aber nur vereinzelt bis in die Gegenwart erhalten. So gibt es noch das englische ‚spell' als ‚Zauberspruch' oder ‚Beschwörungsformel', gewissermaßen eine magische Erzählung. Auch im englischen Wort ‚gospel' für das Evangelium ist ein *spel* enthalten: als *godspel* wird das Evangelium im Altenglischen bezeichnet, also die ‚gute Erzählung' – entsprechend unserer ‚frohen Botschaft'.

Im Gegenwartsdeutschen gibt es prinzipiell auch noch den Begriff *spel*, er versteckt sich aber hinter einem Wort, das scheinbar gar nichts mit ihm zu tun hat, nämlich ‚Beispiel'. Dies leitet sich nicht von ‚Spiel' ab, sondern vom *spel*, im Sinne einer ‚Bei-Erzählung', mittelhochdeutsch: *bîspel*. Das *bîspel* bezeichnete eine kleine Erzählform zu lehrhaften Zwecken, etwa eine Fabel oder ein Gleichnis. Diese Funktion der Illustration oder des Belegs einer Aussage teilt das *bîspel* mit unserem heutigen ‚Beispiel', wobei Letzteres zwar noch eine Erzählung bezeichnen kann, aber auch für viele andere Formen der Erläuterung oder des Vorbildhaften steht.

Ideal höfischen Verhaltens

stæte (Substantiv, feminin)

Beständigkeit, Verlässlichkeit

Das Wort *stæte* ist in der mittelalterlichen Literatur so zentral, dass sich ein genauer Blick darauf lohnt. Erhalten ist es noch im Adverb ‚stets', im Adjektiv ‚stetig' oder im Substantiv ‚Stetigkeit' – eine Wortgruppe, die wir meist nur noch in festen

Verbindungen (‚steter Zuwachs') oder Sprichwörtern (‚steter Tropfen höhlt den Stein') gebrauchen und die für manch einen bereits etwas veraltet klingt.

Im Mittelalter war das Substantiv *stæte* ein Oberbegriff für das Verhalten des Adligen: Es bezeichnet die Beständigkeit und Verlässlichkeit, die in literarischen Texten von höfischen Menschen gefordert wird. Die *stæte* impliziert dabei, dass etwas auf Dauer angelegt ist und es keine Schwankungen oder Abweichungen gibt – bezeichnenderweise ist es mit Wörtern wie ‚stehen' oder ‚Stadt' etymologisch verwandt, die ebenfalls eine Kontinuität in zeitlicher und räumlicher Hinsicht implizieren.

In der Hofkultur ist Beständigkeit eine Art Grundbedingung des Verhaltens: Dass jemand in seinem Handeln konstant ist, also nicht von seinen Vorstellungen und Zielen abweicht, ist gewissermaßen die Basis des sozialen Miteinanders. Thomasîn von Zerklaere formuliert das in seinem langen, knapp 15.000 Verse umfassenden Lehrgedicht über das richtige höfische Verhalten folgendermaßen: *die andern tugende sint enwiht, / und ist dâ bî diu stæte niht* (Alle anderen Tugenden sind nichts, wenn keine *stæte* dabei ist).[58]

Dass ein beständiges Verhalten aber auch eine Kehrseite haben kann, thematisiert der Lyriker Walther von der Vogelweide. Denn in bestimmten Liedern des Minnesangs wird ein Modell der sogenannten Hohen Minne beschrieben, in der ein Mann konstant – stetig – um eine Dame wirbt, obwohl diese seine Liebe nicht erwidert. Diese ambivalente Rolle der *stæte* zeigt Walther auf, indem er sein lyrisches Ich an eine personifizierte *frô Stæte* (Frau Beständigkeit) appellieren lässt:

Stæte ist ein angest und ein nôt:
ichn weiz niht ob si êre sî:
si gît michel ungemach.
sît daz diu liebe mir gebôt,
daz ich stæte wære bî –
waz mir leides sît geschach!
lât mich ledig, liebe mîn frô Stæte!
wan ob ich sis iemer bæte,
sô ist si stæter vil danne ich.
ich muoz von mîner stæte sîn verlorn,
diu liebe enunderwinde ir sich.

(Beständigkeit heißt Angst und Not, ich weiß nicht, ob sie ehrenvoll ist: Sie bringt großes Ungemach. Seitdem die Liebe mir gebot, daß ich Beständigkeit pflege, – was stieß mir seitdem an Leid zu! Laßt mich frei, meine liebe Frau Beständigkeit! Aber wenn immer ich sie darum gebeten habe, so ist sie viel beständiger als ich. Ich werde meiner Beständigkeit wegen zugrunde gehen, es sei denn, die Geliebte unterwirft sich ihr auch.)[59]

In Politik und Religion anzutreffen

trehtîn (Substantiv, maskulin)

Herr, Gott

Das mittelhochdeutsche Substantiv *trehtîn* gehört zu den Wörtern, deren Geschichte sich in der germanischen Sprachfamilie weit zurückverfolgen lässt. Es findet sich schon im Althochdeutschen – also grob gesagt im Frühmittelalter:

truhtin hieß es damals und bezeichnete den Herrn (im Sinne von ‚Anführer') eines Gefolges. Diese Bedeutung scheint sich im Zuge der christlichen Missionierung gewandelt zu haben: Im Mittelhochdeutschen bezieht sich *trehtîn* nur noch auf Gott, gewissermaßen als Anführer aller Menschen – auch heute gibt es ja noch die Verbindung ‚Herrgott'. Das Wort wanderte also bereits im Übergang zum Hochmittelalter aus einer politischen in eine religiöse Sphäre. Wenn in der mittelhochdeutschen Literatur etwa von König Artus die Rede ist, dann ist nicht er selbst ein *trehtîn*, sondern er lobt diesen ‚Herrn':

von disen mæren wurden dô
vil herzenlîchen vrô
Artûs und diu künegîn
und lobetens unsern trehtîn.

(Über diese Geschichte freuten sich Artus und die Königin von ganzem Herzen und priesen unseren Herrgott.)[60]

In der deutschen Sprache ist das Wort *trehtîn* schon im Spätmittelalter nicht mehr zu finden. Gehalten hat es sich bei unseren Nachbarn im Norden: Das altnordische Äquivalent *dróttinn* ist etwa im heutigen Isländisch noch als ‚drottinn' (Gott) vorhanden. Doch auch im Deutschen gibt es noch versteckte Spuren zu entdecken. Dazu muss man etwas weiter ausholen: Wie oben beschrieben, lautete der althochdeutsche Vorgänger des Wortes *truhtin* – der Herr eines Gefolges. Das Gefolge selbst hieß konsequenterweise *truht*. Daraus hat sich die Bezeichnung ‚Truchsess' (im Mittelhochdeutschen: *truhtsæze*) für den Vorsteher der Hofverwaltung entwickelt.

Über einen kleinen sprachlichen Umweg lassen sich noch weitere Bekannte finden: Im Mittelniederdeutschen, also der mittelalterlichen Sprache in den Gebieten des heutigen Norddeutschlands, hieß der Truchsess nämlich *drostete*, woraus sich der Familienname Droste entwickelt hat. Und dieser Name hat bekanntlich einige populäre Träger·innen: die Schriftstellerin und Komponistin Annette von Droste-Hülshoff, den Schriftsteller und Journalisten Wigalf Droste und – seit der Coronapandemie sehr bekannt – den Virologen Christian Drosten. Sie alle tragen noch versteckt den Truchsess (und indirekt den *trehtîn*) in ihrem Namen.

Die vielen Namen des Teufels

vâlant (Substantiv, maskulin)

Teufel, Satan

Der Teufel hat traditionell sehr viele Namen wie zum Beispiel Luzifer, Beelzebub oder Satan. Sie lassen sich in der Regel etymologisch gut herleiten: Unser neuhochdeutscher Begriff ‚Teufel' (mittelhochdeutsch *tiuvel*) geht auf das lateinische (bzw. ursprünglich griechische) *diabolus* zurück, ‚Luzifer' hat ebenfalls lateinische Wurzeln, ‚Beelzebub' und ‚Satan' kommen aus dem Hebräischen. Sehr viel rätselhafter ist hingegen das mittelhochdeutsche Wort *vâlant* für den Teufel. Zwar gibt es Überlegungen, *vâlant* im Sinne eines teuflischen ‚Verführers' in Bezug zu setzen zu dem altenglischen Verb *fælan* (verführen) oder dem altnordischen *fæla*, doch können diese Herleitungen bisher nicht restlos überzeugen.

Fest steht jedoch, dass *vâlant* im Mittelalter häufig verwendet wurde. Im „Nibelungenlied" kommentiert der Erzähler Kriemhilds Pläne, sich an ihren Verwandten für den Mord an ihrem Mann Siegfried zu rächen, so: *Ich wæne, der ubel vâlant Kriemhilde daz geriet* (Ich glaube, der böse Teufel riet Kriemhild dies).[61] Und im Artusroman „Wigalois" ist Gott derjenige, der *den vâlant verstiez / von dem himelrîche* (den Teufel verstieß aus dem Himmelreich).[62]

Das mittelhochdeutsche Wort *vâlant* findet sich heute noch gelegentlich in der Form ‚Voland'. So erzählt etwa der satirische Roman „Der Meister und die Margarita" des russischen Schriftstellers Michail Bulgakow vom Teufel, der unter dem Namen Voland in Moskau auftaucht. Voland ist auch in Goethes „Faust" der Name, mit dem sich Mephistopheles in der Walpurgisnacht vorstellt:

Mephistopheles:
„Was! dort schon hingerissen?
Da werd' ich Hausrecht brauchen müssen.
Platz! Junker Voland kommt. Platz! süßer Pöbel, Platz!"[63]

verch (Substantiv, neutral)

Leben, Sitz des Lebens

In vielen heutigen Sprachen der germanischen Sprachfamilie gibt es sehr ähnliche Wörter für die Existenzgrundlage alles Organischen: ‚Leben' im Deutschen, ‚life' im Englischen, ‚liv' im Dänischen, Schwedischen und Norwegischen. Eine ähnliche Übereinstimmung gab es auch im Mittelalter, allerdings wurde die gleiche Sache hier noch durch ein ganz anderes Wort ausgedrückt: *verch* im Mittelhochdeutschen, *feorh* im Altenglischen, *fjǫr* im Altnordischen. Hier hat offenbar in vielen Sprachen Mittel- und Nordeuropas ein neues Wort ein altes abgelöst (nur im Isländischen heißt das Leben heute noch ‚fjör'), und zwar ein Wort für etwas sehr Zentrales: das Leben selbst!

Dieser Ablöseprozess ist schon früh zu beobachten: Das mittelhochdeutsche Substantiv *leben* ist ein substantivierter Infinitiv des gleichnamigen Verbs, der das ältere *verch* und das ebenfalls in der Bedeutung ‚Leben' genutzte *lîp* (Leib) langsam verdrängte. Die Gründe für diesen Wandel sind bis heute nicht ganz geklärt. Ein Faktor könnte sein, dass das Wort *verch* eher auf etwas Körperliches, Stoffliches verwies, gewissermaßen den Sitz des Lebens in uns allen. Das Christentum, das sich ab dem Frühmittelalter verstärkt in Mitteleuropa ausbreitete, basierte aber auf einer Vorstellung von Leben als Zustand, der über das rein Körperliche hinausgeht – etwa in Bezug auf das ewige Leben der Seele. Neue religiöse Vorstellungen könnten daher den Wandel in der Sprache ausgelöst oder verstärkt haben, andere Faktoren sind aber ebenfalls denkbar.

Obgleich sich schon in der mittelhochdeutschen Literatur *leben* häufiger finden lässt als *verch*, hat letzteres dennoch einen wichtigen Stellenwert. Das zeigt sich auch an den vielen Wortverbindungen, in denen es auftaucht, wie *verchlôs* (leblos), *verchbluot* (Lebensblut oder Herzblut) oder *verchsippe* (Blutsverwandtschaft).

Ein schönes Beispiel für das Nebeneinander von *verch* und *leben* findet sich im „Parzival" des Wolfram von Eschenbach. Hier wird der Artusritter Gawan, der nach einem schweren Kampf leblos und stark verwundet daliegt, von einigen Damen betreut. Diese sorgen sich um den Ritter, der sie aus dem Zauberschloss Klingsors befreit hat:

„op sîn kampf ist sô gedigen
daz er niht ist ze verhe wunt,
ich mache in schiere wol gesunt.
swelch sîn wunde stüent ze verhe,
daz wær diu freuden twerhe:
dâ mite wærn ouch wir reslagn
und müesen lebendec sterben tragn."

(„Falls es glücklich ausgegangen ist, so dass er nicht im Leben verwundet ist, mache ich ihn bald wieder ganz gesund. Vielleicht geht aber eine von den Wunden an sein Leben. Der Hieb wäre quer durch unser Glück gefahren, er hätte auch uns getötet: wir müssten das Sterben durch unser Leben tragen.")[64]

Das *verch* wird somit häufig dann verwendet, wenn es in Gefahr ist, wenn eine Person zu sterben droht. Es ist daher kaum verwunderlich, dass sich das Wort (als Adjektiv *verchwunde*) auch in einer dramatischen Szene des „Nibelungenlieds" findet, in welcher der bereits tödlich getroffene Siegfried den Bruder seiner Ehefrau Kriemhild, Gunther, bittet, sich künftig dieser anzunehmen:

Dô sprach jæmerliche der verchwunde man:
„welt ir, künic edele, triuwen iht begân
in der werlt iemen, lât iu bevolhen sîn
ûf iuwer genâde di holden triutinne mîn,
und lât si des geniezen, daz si iuwer swester sî."

(Mit jammervoller Stimme sprach der tödlich getroffene Mann: „Wollt Ihr, edler König, in der Welt jemandem Treue erweisen, so lasst Euch und Eurer Gnade meine geliebte Frau befohlen sein, und vergesst nicht, dass sie Eure Schwester ist.")[65]

Vom Nutzen zur Frömmigkeit

vrume (Substantiv, maskulin/feminin)

Vorteil, Nutzen, Gewinn

Das mittelhochdeutsche Substantiv *vrume*, das mal mit männlichem, mal mit weiblichem Genus begegnet, scheint ein echtes Allerweltswort gewesen zu sein: Nicht nur als Substantiv, sondern in seiner ganzen Wortfamilie (Adjektiv *vrum*, Verb *vrumen*) ist es häufig in mittelalterlichen Texten zu finden. Wir kennen es nur noch als Adjektiv und in verschobener Bedeutung: im religiösen Kontext als ‚fromm'. Hier sind also nicht nur Teile der Wortfamilie verschwunden, auch die Bedeutung hat sich grundlegend verändert.

Im Mittelalter wird die Wortfamilie um *vrume*, *vrum* und *vrumen* in der Regel in der Bedeutung ‚Nutzen' verwendet. Ein prominentes Beispiel dafür bietet der Prolog des Artusromans „Diu Crône" (Die Krone), in dem der Autor Heinrich von dem Türlin mehrmals das Verb *vrumen* und das Adjektiv *vrum* verwendet. Er beginnt mit einer Überlegung Ciceros, den Heinrich als weisen Mann bezeichnet, wonach sich aus einer Erzählung nur dann ein Nutzen ziehen lasse, wenn diese mit Klugheit gemacht sei.

Ein wîs man gesprochen hât,
daz diu red missestât,
diu âne witz geschiht;
ouch vrumet der sin lützel iht,
den ein man eine treit.
swer gedenket und niht reit,
daz ist als schadebære,
sam er ein tôr wære.
waz mac gevrumen sîn kunst
âne red und âne gunst?
verborgen schatz und wîstuom
die sint ze nutz selten vrum;
red mit wîstuom vrumet.

(Ein weiser Mann hat gesagt, dass jene Rede nicht geziemend ist, die ohne Klugheit geschieht; umgekehrt sei jener Verstand unnütz, den ein Mann für sich alleine hat. Wenn einer grübelt und nicht redet, ist das genauso verderblich, wie wenn er blöd wäre. Was nützt sein Können, wenn er nicht redet und man ihm nicht gewogen ist? Verborgene Schätze und verborgene Weisheit bringen keinen Nutzen. Rede und Weisheit zusammen sind nützlich.)[66]

Schon im Mittelalter wird die Wortgruppe hin und wieder mit einem ‚o' anstelle eines ‚u' geschrieben. Davon unabhängig und folgenschwerer ist ein Bedeutungswandel: Der allgemeine ‚Nutzen', den *vrume* bezeichnet, verengt sich ab dem 15. Jahrhundert immer stärker auf einen religiösen Inhalt: Nützlich ist jetzt vor allem der Gottesdienst. Mit der Reformation erhält das Adjektiv eine neue Bedeutung, während Substantiv und Verb seltener werden und schließlich aus der Sprache verschwinden. Wenn Hans Sachs etwa im 16. Jahrhundert von den *fromm gaistlichen glerten* spricht,[67] dann sind diese Gelehrten nicht mehr ‚nutzbringend', sondern ‚gottesfürchtig'. Betroffen von diesem Wandel ist übrigens auch das mit *vrume* verwandte mittelhochdeutsche Substantiv *vrümecheit*, das in vielen Artusromanen gebraucht wird, um die Vortrefflichkeit oder Tapferkeit eines Ritters zu beschreiben und das heute als ‚Frömmigkeit' nur noch in der religiösen Sphäre verankert ist.

In „Der Herr der Ringe" wiederbelebt

vruot (Adjektiv)

weise, klug

Das mittelhochdeutsche Wort *vruot* ist ursprünglich eng mit dem Bereich des Wissens verknüpft: Es bezeichnet als Adjektiv jemanden, der besonders weise, verständig oder erfahren ist. Im Heldenepos „Kudrun" gibt es sogar eine Figur mit dem sprechenden Namen Fruote, die als besonders listig charakterisiert ist: *Fruote von Tenemarke der was vil wîse* (Fruote aus Dänemark war sehr weise).[68] Und im Artusroman „Wigalois" ist der titelgebende Held so vollkommen, dass er sich sowohl einfältigen wie klugen Leuten anpassen kann:

daz liut im allez heiles bat;
daz machet sîn vil reiner muot;
er was gewizzen unde guot,
den tumben tump, den wîsen vruot.

(Das Volk wünschte ihm für immer Glück; das bewirkte seine vollkommene Gesinnung; er war verständig und gut, den Einfältigen gegenüber schlicht, den Weisen gegenüber verständig.)[69]

Schon im Hochmittelalter erweitert sich das Bedeutungsspektrum des Wortes: Es wird in literarischen Texten nun auch im Sinne von ‚glücklich' oder ‚munter' verwendet. So beginnt ein Lied des Minnesängers Otto IV. von Brandenburg mit den Worten: *Uns kumt aber ein liehter meie, / der machet manig herze fruot* (Ein heller Mai kommt jetzt zu uns, der macht viele Herzen glücklich).[70]

Dass das Adjektiv *vruot* gegen Ende des Mittelalters immer seltener zu finden ist, mag mit der Ausbreitung des Wortes *kluoc* (klug) zu tun haben, das sich ab dem 12. Jahrhundert im hochdeutschen Sprachraum ausgebreitet hat – genau erforscht ist dies aber nicht. Sicher ist nur, dass auch die mit dem deutschen *vruot* verwandten Wörter anderer germanischer Sprachen (altenglisch *frōd*, altnordisch *fróðr*) ab der Frühen Neuzeit immer seltener wurden, bevor sie ganz ausstarben. Heute ist nur noch ‚frod' in den skandinavischen Sprachen erhalten – als altertümlich-poetischer Ausdruck.

Dass das Wort im 20. Jahrhundert eine (versteckte) Wiederkehr erlebte, ist dem Schriftsteller J.R.R. Tolkien zu verdanken, der sich als Professor für Angelsächsisch und Englisch mit alten Sprachen sehr gut auskannte. Er gab der Hauptfigur seines Werks „The Lord of the Rings" („Der Herr der Ringe") den Namen Frodo – und griff damit auf die mittelalterliche Bezeichnung einer weisen Person zurück.

Alltag und Handwerk

Archäologische und historische Forschungen vermitteln inzwischen ein relativ umfassendes Bild vom mittelalterlichen Alltagsleben. Während in populären Büchern oder Filmen häufig Extreme inszeniert werden, die mittelalterliche Lebensumstände entweder als besonders finster und dreckig oder als besonders elegant und ritterlich darstellen, lässt sich auf Basis von Ausgrabungen und Rekonstruktionen ein halbwegs realistisches Bild zeichnen. Auch ein Blick in die Sprachgeschichte kann mitunter helfen – wobei nochmals betont werden muss, dass sich dieser Einblick auf die textproduzierende Oberschicht, also die geistliche und weltliche Elite, beschränkt. Vom Leben der Bauern und Handwerker, die rein zahlenmäßig den weltlichen Adel und den Klerus bei Weitem überstiegen, wird in den Texten kaum berichtet. Doch enthalten auch die Artusromane und Heldenepen einige „Allerweltswörter" und Bezeichnungen alltäglicher Dinge wie Kleidung, Essen und Handwerk, von denen einige hier vorgestellt werden.

bôzen (Verb)

schlagen, klopfen

In handwerklichen Tätigkeiten sind oft etymologisch verwandte Wörter zu entdecken: Ein Müller mahlt in der Mühle, ein Bäcker backt im Backofen – nur der Schmied schlägt auf einen Amboss. Um zu verstehen, was der Amboss mit dem Schmied zu tun hat, hilft ein Blick auf ein verschwundenes Verb, das sich noch im Amboss versteckt: *bôzen* ist ein mittelhochdeutsches Wort für ‚schlagen' oder ‚klopfen'. Der Amboss (mittelhochdeutsch *anebôz*) ist daher der Gegenstand, an dem oder auf den geschlagen wird.

Auch wenn *bôzen* als Verb aus dem heutigen Deutsch verschwunden ist, findet sich das Wort noch in unseren germanischen Nachbarsprachen: Es entspricht dem englischen ‚beat' oder dem Niederländischen ‚botten'. Vieles spricht dafür, dass sich auch der Name des vor allem in Norddeutschland populären Sports Boßeln vom mittelhochdeutschen *bôzen* ableitet, auch wenn hier eher geworfen als geschlagen wird.

In mittelalterlichen Texten wird das *bôzen* häufig im Sinne von ‚an die Tür klopfen' verwendet, etwa im „Nibelungenlied", als Siegfried an das Burgtor der Nibelungen klopft:

Dô kom er für di porten. verslozzen im diu stuont.
jâ huoten si ir êren, sô noch di liute tuont.
anz tor begunde bôzen der unkunde man.
daz was wol behüetet.

(Da kam er vor das Burgtor. Es war verschlossen. Ja, die Bewohner achteten auf ihren Ruf, wie es die Leute noch tun. Der fremde Mann begann, an das Burgtor zu klopfen, das gut bewacht war.)[71]

Neben dem Amboss gibt es noch weitere Wörter, bei denen überlegt wird, ob sie sich von *bôzen* ableiten. So erwähnen einige mittelhochdeutsche Erzählungen einen *butze*, eine Art Schreckgespenst, das man als ‚Klopfgeist' verstehen kann. Etwa wenn der Artusroman „Jüngerer Titurel" schildert, wie der Ritter Tschionatulander durch die Nacht reitet:

Diu nacht der walt beslozzen in het mit ungemache. /gen zageheit der verdrozzen reit sunder slaf in sorclicher wache, /(...) /Den butzen nicht unfrůte er vorchte gelich den kinden.

(In der Nacht hatte ihn der Wald mit Ungemach umschlossen. Er, der die Feigheit hasste, ritt ohne Schlaf mit besorgter Wachsamkeit (...), vor dem *butzen* fürchtete er sich nicht auf unverständige Weise wie es die Kinder tun.)[72]

Heute kennt man den *butze* noch aus dem Kinderlied „Es tanzt ein Bi-Ba-Butzemann", der allerdings weniger unheimlich ist. Beim Verb ‚boxen', das auf den ersten Blick ähnlich aussieht und fast dieselbe Bedeutung hat, ist übrigens nicht klar, ob es mit *bôzen* verwandt ist. Das englische ‚box' ist seit etwa 1800 im deutschen Sprachraum zu finden und damit eine relativ neue Entlehnung. Die etymologische Herkunft des englischen Verbs ist jedoch weitgehend unklar. Der Blick in die Sprachgeschichte kann also vieles, aber nicht alles erklären ...

gadem (Substantiv, neutral)

Zimmer, Stockwerk, kleines Haus

Es lohnt sich, einen Blick auf mittelalterliche Bezeichnungen für Wohnräume zu werfen. Heute noch bekannt ist das Wort ‚Kemenate‘ (mittelhochdeutsch *kemenâte*), das auf das mittellateinische Wort *caminata* zurückgeht, welches sich wiederum von *caminus* (Kamin) ableitet – gemeint ist also ein beheizbares Zimmer, also ein Raum mit einer Feuerstätte. Doch wie nannte man einen ganz gewöhnlichen Raum? Unser heutiges Wort ‚Zimmer‘ war im Mittelhochdeutschen auch schon bekannt (in der Regel als *zimber*), bedeutete aber vor allem ‚Bauholz‘ – so wie der Zimmermann ja bis heute keine Zimmer baut, sondern generell mit Holz arbeitet. Ins Spiel kommt vielmehr das vergessene Wort *gadem* oder *gademe*. Seine Herkunft ist weitgehend unklar, doch wird es in mittelalterlichen Texten für verschiedene Dinge genutzt: für Räume unterschiedlicher Größe, für Stockwerke, teilweise auch für ein ganzes Haus.

Im „Nibelungenlied“ lässt Hagen die Leiche des von ihm ermordeten Siegfried nachts vor das Zimmer Kriemhilds legen, so dass diese beim morgendlichen Gang zum Münster eine grausige Entdeckung macht:

Dô si mit ir vrouwen zem munster wolde gân,
dô sprach der kamerære: „ir sult stille stân.
ez lît vor disem gademe ein ritter tôt erslagen.“
dô begonde Kriemhilt vil harte unmæzliche klagen.

(Als sie mit ihren Damen zum Münster gehen wollte, sagte der Kämmerer: „Wartet einen Augenblick! Vor diesem Zimmer liegt ein toter, erschlagener Ritter." Da begann Kriemhild maßlos laut zu klagen.)[73]

Das Wort *gadem* scheint damit vor allem einen umschlossenen Raum zu bezeichnen, bis hin zu kleinen Häusern, die nur aus einem Zimmer bestehen. In dieser Bedeutung gibt es das Wort (heute meist auf -n endend: ,Gaden') noch vereinzelt im Schweizerischen, aber auch als Fachbegriff in der Architektur für ein kleineres Gebäude.

In populären Darstellungen des Mittelalters wird oft in künstlich-antiquierter Sprache von einem ,Gemach' gesprochen, in das man sich begibt. Das mittelhochdeutsche Wort *gemach* bedeutet in der Regel aber ,Bequemlichkeit' oder ,Annehmlichkeit' und hat sich erst später als Wort für ein Zimmer durchgesetzt, in dem man es bequem hat. Man findet es zwar bereits in mittelalterlichen Texten, aber sehr viel seltener als *gadem*.

Von der Eile zum Jähzorn

gâhen (Verb)

eilen, sich schnell bewegen

Wer im Mittelalter erzählen wollte, dass er sich beeilen muss, der wird wohl häufig auf das Verb *gâhen* zurückgegriffen haben, das so viel wie ,eilen' bedeutet. Die Beliebtheit dieses Wortes zeigt sich daran, dass es auch als Adverb *(gâhe)*, als Adjektiv (*gâch* oder *gæhe*, schnell, rasch) und Substantiv (*gâhe* oder *gæhe*, Eile, Schnelligkeit) vorkommt. In erzählenden Texten finden sich diese Wörter häufig, wenn berittene Boten, eilende Ritter oder brenzlige Situationen beschrieben werden.

Als etwa im Artusroman „Lanzelet" die arthurische Hofgesellschaft ein opulentes Fest feiert und sich gerade zum Frühstück niedergelassen hat, reitet eine Person in großer Geschwindigkeit heran. Sogleich wird gemutmaßt: *„jenez mac wol ein bot sîn, / daz ist an sîner gæhe schîn. / er bringet niuwe mære"* („Das kann gut ein Bote sein, das zeigt sich an seiner Eile. Er bringt neue Nachrichten").[74] Gar nicht erfreut über das schnelle Aufgehen der Sonne sind hingegen zwei Liebende in einer Fortsetzung des „Tristan"-Romans von Ulrich von Türheim. Das Tageslicht trennt Tristan und Isolde, die sich sicher gefreut hätten, wenn es die Sonne nicht ganz so eilig gehabt hätte: *diu naht zetage gâhte, / diu gæhte in beiden brâhte / âne liebe herzeleit* (Die Nacht eilte zum Tag, die Eile brachte ihnen beiden Kummer ohne Freude).[75]

Es ist nicht geklärt, wie sich das Wort *gâhen* etymologisch herleiten lässt. Vermutungen, dass es mit dem Verb ‚gehen' (mittelhochdeutsch *gên*) zusammenhängt, erscheinen plausibel, sind aber noch nicht endgültig bewiesen. Interessant ist aber, dass wir zwei Varianten dieses Wortes noch heute kennen – nämlich ‚jäh' und ‚jähzornig'! Bereits im Mittelhochdeutschen wurde *gâch* häufig mit Umlaut geschrieben *(gæhe)*, im 15. Jahrhundert änderte sich dann der Anlaut. Und schon der mittelalterliche Autor Konrad von Megenberg beschreibt in seiner Naturlehre *gæchzornige* Personen, die also im Wortsinn schnell zornig werden. Kurioserweise ist bei ihm die Gesichtsbehaarung von Frauen, der sogenannte Damenbart, ein Hinweis auf Jähzornigkeit: *iedoch vint man etleich frawen, die part habent oben an dem mund, und daz ist ain zaichen, daz si gar haizer nâtûr sint und gæchzornig* (Jedoch findet man einige Frauen, die über ihrem Mund einen Bart haben. Das ist ein Zeichen, dass sie über eine heiße Natur verfügen und jähzornig sind).[76]

Nicht erhalten haben sich die Verwendungen des Wortes als Substantiv oder Verb. Zwar waren sie noch im 18. Jahrhundert in der Literatursprache üblich, doch wenn Goethe in seinem Drama „Torquato Tasso“ von der ‚Jähe‘ (im Sinne von ‚Eile‘) der Jugend spricht, dann erscheint uns dies heute sehr fremd:

Auf den Gebrauch der Welt, der sich so glatt
Selbst zwischen Feinde legt; befürchtete
Von dem geprüften Manne diese Jähe
Der raschen Jugend nicht.[77]

Vom Gauner bis zum edlen Papier

hader (Substantiv, maskulin)

Lumpen, Lappen

Was bedeutet eigentlich das schöne, etwas altmodische Schimpfwort Haderlump, das sich auf einen Menschen bezieht, der nicht immer ganz im Sinne des Gesetzes handelt? Ein Blick ins Deutsche des Mittelalters verrät, dass diese Bezeichnung für einen Gauner eigentlich eine Tautologie ist (also eine Doppelung gleichbedeutender Wörter): denn auch *hader* ist im Mittelhochdeutschen ein Lumpenstück! Es bezeichnet ein zerrissenes, unbrauchbar gewordenes Kleidungsstück oder einen Stofffetzen.

Als etwa Königin Herzeloyde, die gerade den kleinen Parzival geboren hat, erfährt, dass ihr Mann Gahmuret in fernen Ländern gefallen ist, überreicht man ihr gleichzeitig dessen zerschlagenes Hemd: *daz hemde ein hader was von slegn* (Das Hemd war von den Schlägen ein Lumpen).[78] Weniger tragisch geht es in einem religiösen Lehrgedicht zu, das beschreibt, wie die Hirten das Jesuskind besuchen, das in einer Krippe liegt:

an dem velde den vihierten
bracht ein engel diu mære,
daz ein hailant wære
geborn ze Bethlehem.
er hiez siu drate dar gen,
da si in da funden,
mit hadern bewunden
in einer vihe chrippen
ermeclichen likken.

(An einem Feld brachte den Viehhirten ein Engel die Nachricht, dass der Heiland in Betlehem geboren wäre. Er befahl ihnen, schnell dorthin zu gehen. Sie fanden ihn dort, mit Lumpen bekleidet, ärmlich in einer Viehkrippe liegen.)[79]

Eine zentrale Rolle kam dem *hader* seit Einführung der Papierherstellung in Europa im 13. Jahrhundert zu, denn in den Papiermühlen wurden alte, nicht mehr brauchbare Kleidungsstücke verarbeitet. Die in der Regel aus Flachs

(Leinen) oder Hanf hergestellte Kleidung ließ sich durch einen Fäulnisprozess in einen Faserbrei verwandeln, aus dem dann Papier geschöpft wurde. Noch heute wird hochwertiges Papier, das überwiegend aus textilen Rohstoffen (inzwischen vor allem Baumwollfasern) hergestellt wird, als ‚Hadernpapier' bezeichnet. Es ist deutlich reißfester als das übliche, aus Zellstoff produzierte Papier.

Das Wort ‚Lumpen' findet sich als *lumpe* erst im Spätmittelalter, setzt sich dann aber recht schnell gegenüber *hader* durch.

Die Literatur des 19. und frühen 20. Jahrhunderts nutzt das Wort ‚Hader' noch mit einer ganz anderen Bedeutung: nämlich als Synonym für ‚Streit' oder ‚Kampf' – heute noch üblich in Wendungen wie ‚mit seinem Schicksal hadern'. Dieser ‚Hader' ist allerdings nicht mit dem mittelhochdeutschen *hader* für Lumpen verwandt. Er leitet sich vielmehr vom althochdeutschen *hadu* (Kampf) ab, das noch in Namen wie Hedwig zu finden ist (siehe *wîc*, Seite 43).

Spurlos verschwunden

jehen (Verb)

sagen, sprechen, zuerkennen

Dass Wörter, die wenig genutzt werden, irgendwann aus unserer Sprache verschwinden, ist naheliegend. Wenn aber ein ganz und gar alltägliches Verb aufhört zu existieren, so gibt dies

Rätsel auf. Genau das passierte dem mittelhochdeutschen Verb *jehen*, das sich mit ‚sprechen' oder ‚anerkennen' übersetzen lässt und in mittelalterlichen Texten häufig vorkommt. Es ist zwar nicht ganz so populär wie die mittelhochdeutschen Verben *sprechen* und *sagen* – die wir heute noch genau so kennen – wird aber dennoch regelmäßig gebraucht. So beginnt etwa der „Iwein" des Hartmann von Aue mit einer Vorstellung von König Artus aus der Sicht seiner Landsleute: *si iehent er lebe noch hiute* (Sie sagen, dass er noch heute lebe).[80]

Eine Besonderheit des Verbs ist, dass es auch in einem eher rechtlichen Kontext verwendet werden kann, im Sinne von ‚öffentlich anerkennen' oder ‚vertrauen auf'. So heißt es im „Nibelungenlied" zum Beispiel über die Heldentaten, die Siegfried im Krieg gegen die Sachsen und Dänen vollbringt: *ez hete wol geworben mit den helden sîn / Sîvrit der recke. der hetez guot getân, / des im jehen muosen alle Gunthers man* (Mit seinen Helden hatte Siegfried, der Recke, einen großen Erfolg errungen, was ihm alle Gefolgsleute Gunthers anerkennen mussten).[81]

Noch stärker verdeutlicht sich diese anerkennende oder auch bekennende Bedeutung im religiösen Rahmen. So fällt das Wort *jehen* etwa im „Rolandslied" des Pfaffen Konrad, der ein Gebet Karls des Großen zitiert, als dieser in Spanien Krieg gegen die Sarazenen führt:

„die dîne dû gehaile,
unse vîante dû zetaile.
durch des heiligen gaistes zuokumpft
sô verlîhe uns sælde unt sigenunft,
want wir jehen ze dînen gnâden."

(„Rette die Deinen, vernichte unsere Feinde. Um der Herabkunft des Heiligen Geistes willen gib uns Heil und Sieg; denn wir bekennen Deine Gnade.")[82]

Spätestens ab dem 16. Jahrhundert scheint *jehen* immer weniger genutzt worden zu sein. Die Gründe dafür sind nicht ganz klar. Im Gegensatz zum Verb *sagen* weist es eine relativ komplexe, teils unregelmäßige Formenbildung auf (Singular Präsens: *ich gihe*, Singular Präteritum: *ich jach*), so dass man vielleicht *sagen* bevorzugt hat, weil es einfacher zu konjugieren war. Dies ist aber letztlich Spekulation – die Gründe für das Verschwinden von *jehen* sind so rätselhaft, wie uns das Wort selbst heute vorkommt.

Vormoderne Meteorologie

kiesen (Verb)

wählen, auswählen, sehen

Dass Wählen etwas mit Beobachten und Prüfen zu tun hat, leuchtet unmittelbar ein: Erst muss man sich alles genau anschauen, dann auswählen. In unserem heutigen Verb ‚wählen' steckt jedoch das Verb ‚wollen' – ich wähle also das aus, was ich auch haben will. Ganz anders verhält es sich mit dem mittelalterlichen Verb *kiesen*, das sowohl ‚wählen' heißen kann als auch ‚prüfend betrachten'. Ein Beispiel für Letzteres bietet das Heldenepos „Kudrun": Bevor eine Verfolgungsjagd per Schiff beginnen kann, muss sich der Kämpfer Fruote mit den Windverhältnissen beschäftigen: *Fruote bî dem lufte kiesen dô began* (Fruote begann da, die Windrichtung zu prüfen).[83] In dem Lied „Ez stuont ein vrouwe alleine" des Minnesängers Dietmar von Aist wird *kiesen* anders eingesetzt: Dort vergleicht eine Dame ihr Vorgehen bei der Partnerwahl mit einem Falken, der sich einen passenden Baum aussucht: *du erkiusest dir in dem walde / einen boum, der dir gevalle* (Du wählst dir im Wald einen Baum aus, der dir gefällt).[84] Beobachten, prüfen und wählen sind im mittelhochdeutschen Verb *kiesen* somit eng verbunden – es verwundert daher nicht, dass es etymologisch mit unserem Verb ‚kosten' (im Sinne von ‚ein Gericht ausprobieren') verwandt ist.

Im Englischen wie Französischen hat das Wort bis heute überlebt: ‚choose' und ‚choisir' haben denselben Ursprung wie *kiesen*. Doch auch im heutigen Deutsch gibt es das Verb noch, wenn auch in anderen Formen. Schon das Mittelhochdeutsche kennt die Ergänzung *erkiesen*, also ‚erwählen'. In der gehobenen Schriftsprache fand dies bis ins 18. Jahrhundert Verwendung, heute ist noch die Präteritalform im Gebrauch: ‚erkoren' oder ‚auserkoren'. Auch unser Substantiv ‚Kür', das ebenfalls mit auswählen oder prüfen zu tun hat, ist damit verwandt. Es war im Mittelalter etwa in der Verbindung ‚Kurfürst' (mittelhochdeutsch *kür-, kurvürste*) üblich: Ein Kurfürst war ursprünglich ein zur Königswahl berechtigter Fürst. Der Nachname des in Norddeutschland populären Liedermachers Knut Kiesewetter hat ebenfalls mittelalterliche Wurzeln: Ein ‚Kiesewetter' ist jemand, der (ähnlich wie der Held Fruote in der „Kudrun") das Wetter beobachtet oder prüft – also ein vormoderner Meteorologe.

kürne, kurn (Substantiv, feminin)

(Hand-)Mühle

Dass Wörter mitunter gemeinsam mit den Dingen oder Technologien, die sie bezeichnen, untergehen, lässt sich gut am Beispiel *kürne* beobachten. Bevor nämlich unser heutiges Wort ‚Mühle' als Fremdwort aus dem lateinischen *molere* (mahlen) übernommen wurde, hat man eine Mühle *kürne* oder *kurn* genannt. Die sprachhistorische Forschung geht davon aus, dass der Wechsel der Bezeichnung zu Beginn des Mittelalters darauf zurückzuführen ist, dass ein neues Verfahren zum Mahlen von Korn eingeführt wurde. Mit den Römern war schon in der Spätantike eine neue Mühlentechnologie in den Norden gekommen, die auf Wasserkraft beruhte und der traditionellen Handmühle in Form von zwei kleineren, aufeinanderliegenden Mühlsteinen, die manuell bewegt wurden, überlegen war.

Gehalten hat sich das alte Wort *kürne* vor allem in Ortsnamen wie Kürnach oder Querum, aber auch in Personennamen: So wurde das „Falkenlied", einer der bekanntesten Texte des deutschen Minnesangs, im 12. Jahrhundert von einem Lyriker namens Der von Kürenberg gedichtet. Das Wappen des Kürenbergers, das im „Codex Manesse" zu finden ist, zeigt eine derartige Handmühle.

Verwandt ist das verschwundene *kürne* übrigens mit den Wörtern ‚Korn' und ‚Kern', die natürlich eng mit dem Vorgang des Mahlens verbunden sind.

lîtgebe (Substantiv, maskulin)

Wirt eines Gasthauses

Wer in ein Gasthaus oder eine Kneipe geht, bestellt gern ein alkoholisches Getränk: Wenn man es bodenständig mag, gibt es Bier in der Bierwirtschaft, für den feineren Geschmack hingegen Wein in der Weinstube. Im Mittelalter hätte man darüber hinaus auch *lît* bekommen können: Hinter dieser Bezeichnung verbirgt sich ein Obstwein, der sich relativ leicht aus Äpfeln oder Birnen herstellen ließ. Der Wirt, der dieses Getränk auftischte, hieß dementsprechend *lîtgebe*, also derjenige, der *lît* gibt.

Das Wort findet sich etwa in der Erzählung von Helmbrecht, die über den Sittenverfall klagt: *daz sint nû ir brieve von minne: / „vil süeziu lîtgebinne, / ir sult füllen uns den maser!“* (Liebeserklärungen sehen heute so aus: „Süße Wirtin, füllt uns den Becher!“)[85] Die Beliebtheit dieses Getränks schlägt sich in weiteren Wörtern nieder: das *lîthûs* ist der Ort, an dem *lît* ausgeschenkt wird, und *lîtkouf* bezeichnet das Getränk, das man nach erfolgreichem Vertragsabschluss zu sich nimmt.

Schon im Mittelalter wurde aber das ursprünglich aus dem Lateinischen *(mustum)* stammende Wort ‚Most‘ immer beliebter und verdrängte schließlich die Bezeichnung *lît*. Heute trifft man nur noch vereinzelt auf dessen neuhochdeutsche Reste: Nachnamen wie Leitgeb oder Leitgeber bezeugen den Beruf der Vorfahren, und in einigen bayerisch-österreichischen Dialekten hat sich sogar die Bezeichnung ‚Leitkauf‘ für einen Umtrunk bei Vertragsabschluss gehalten. Es ist auch sehr wahrscheinlich, dass sich der Name des Erfinders der Litfaßsäule, Ernst Litfaß, ursprünglich auf ein Fass voller *lît* bezog.

Luxuriöser als Glühwein

lûtertranc

(Substantiv, neutral/maskulin)
Gewürzwein

Vom Obstwein *lît* geht es gleich weiter zum Gewürzwein *lûtertranc*. Dieser mit Zucker und Gewürzen angesetzte Wein war in der Antike und im Mittelalter nicht nur sehr beliebt, sondern lässt sich auch unter verschiedenen Namen finden, die alle ihre eigene Geschichte haben und heute teils noch regional verbreitet sind. Aus dem Altfranzösischen übernahm man die Bezeichnung *klâret*, die lange Zeit im Deutschen als ‚Klarett' weiter verwendet wurde; aus dem lateinischen Namen *vinum Hippocraticum* (Wein des Hippokrates) leitet sich der Name Hypocras ab, der heute etwa in Basel noch gebraucht wird. Der griechische Arzt Hippokrates war hier nicht nur deshalb Namensgeber, weil man dem Gewürzwein eine gesundheitsfördernde Wirkung zusprach, sondern auch, weil bei seiner Herstellung eine sogenannte *manica Hippocratis* verwendet wurde – wörtlich ein ‚hippokratischer Ärmel'. Gemeint ist ein Filter, dessen Erfindung man Hippokrates zuschrieb.

Mit dem Wort *lûtertranc* gibt es aber im Deutschen des Mittelalters auch einen eigenen

Namen für diesen Wein. Woraus setzt sich diese Bezeichnung zusammen? Der zweite Bestandteil des Wortes, *tranc*, lässt sich leicht als ‚Trank‘ verstehen. Den ersten Teil, *lûter*, verwenden wir auch heute noch als Adjektiv (lauter), allerdings meist mit einer etwas anderen Bedeutung: Wenn wir sagen, „dort hinten stehen lauter Leute“, meinen wir ‚nichts als‘ bzw. ‚viele‘.

In einer heute etwas altertümlich erscheinenden Verwendung kann ‚lauter‘ aber auch auf etwas Ungetrübtes hinweisen, zum Beispiel auf eine lautere Absicht. Deutlicher lässt sich dies am verwandten Verb ‚läutern‘ erkennen, in dem auch heute noch die Bedeutungsebene des ‚reinigen‘ bzw. des ‚Reinen‘ steckt. Im mittelhochdeutschen *lûter* ist dies die eigentliche Aussage des Wortes – man kann es mit ‚hell‘, ‚rein‘ oder ‚klar‘ übersetzen. Wie auch der Name *klâret* (in dem unser ‚klar‘ steckt), bezieht sich *lûtertranc* also auf die Farbe bzw. die Konsistenz des Weins. Dieser wurde üblicherweise mit Zimt, Nelken, Ingwer, Pfeffer und weiteren Gewürzen zubereitet – also mit Stoffen, die im Mittelalter ebenso exotisch wie teuer waren, was den *lûtertranc* zu einem ziemlich exklusiven Getränk machte. In der Literatur taucht er daher vor allem dann auf, wenn ein besonderes Fest gefeiert oder ein Gastgeber als ganz besonders großzügig geschildert wird. Großzügigkeit war eine zentrale Adelstugend – auch hier ist in der Regel König Artus der beste, wie etwa der Roman „Lanzelet“ erzählt:

si âzen,
der wirt und di geste,
trahte di aller beste,

der man in den zîten pflac.
Swar an ir wille gelac,
dar nâch mohten si leben.
der künic Artûs hiez in geben
lûtertranc, met und wîn,
wan er kunde wol wirt sîn.

(Sie aßen, der Burgherr und die Gäste, die allerbeste Speise, die es zu diesen Zeiten gab. Wonach auch immer ihnen der Sinn stand, dem konnten sie sich widmen. Der König Artus hieß ihnen Würzwein, Met und Wein geben, denn er verstand sich gut auf Bewirtung.)[86]

Heute wird gewürzter Wein nur selten getrunken – er scheint genau wie sein Name verschwunden zu sein. Nur in einigen lokalen Bräuchen ist er noch üblich, so etwa in Basel am Neujahrstag. In gewisser Weise lässt sich aber unser Glühwein, der traditionell mit ähnlichen Gewürzen zubereitet wird, als moderner Nachfolger des *lûtertranc* verstehen – auch wenn er lange nicht so kostbar und exklusiv ist, wie es der *lûtertranc* einmal war.

Von Zwergen und kleinen Hasen

lützel (Adjektiv / Adverb)

klein, wenig

Wer aus dem norddeutschen Raum kommt, der kennt vielleicht den plattdeutschen Ausdruck ‚lütt' für etwas Kleines, wie aus dem bekannten Gedicht von Klaus Groth über einen kleinen Hasen:

„Lütt Matten de Has' / De mak sik en Spaß."
In diesem niederdeutschen Ausdruck hält sich eine Variante des mittelhochdeutschen Wortes *lützel*. Es lässt sich in der germanischen Sprachfamilie vielfach auffinden und existiert etwa im Englischen bis heute in der Form ‚little' oder im Dänischen als ‚lille'.

In Texten des deutschen Mittelalters findet man *lützel* als Alltagswort sehr häufig, es kann hier sowohl eine kleine Sache bezeichnen als auch generell in der Bedeutung ‚wenig' auftauchen. Der Zwerg Alberich wird beispielsweise im Heldenepos „Otnit" meist nur *der lützel Alberich* (der kleine Alberich) genannt.[87] Und im „Nibelungenlied" wird der aufbrausende Siegfried ein wenig sanftmütiger, nachdem die Burgunder ihm angeboten haben, an ihrer Landesherrschaft teilhaben zu dürfen:

Dô sprach der wirt des landes: „allez daz wir hân,
geruochet irs nâch êren, daz sî iu undertân,
und sî mit iu geteilet lîb und guot."
dô wart der herre Sîvrit ein lutzel sanfter gemuot.

(Da sagte der Landesherr: „Alles, was wir besitzen, stehe Euch zur Verfügung, wenn Ihr ehrenvoll davon Gebrauch macht. Das sei Euch untertan und sei mit Euch geteilt – Leben und Gut." Diese Worte stimmten Herrn Siegfried etwas freundlicher.)[88]

Walther von der Vogelweide besingt hingegen – wie so oft – ein schwieriges Verhältnis zu seiner Minnedame, bei der er nur *lützel* ausrichten kann: *Wie sol ich die erwerben, diu sô sælic ist? / mit mîner sælde erwirbe ich lützel dâ* (Wie soll ich diejenige erwerben, die so voll Gutem ist? Mit meinem Glück erreiche ich dort wenig).[89]

Außerhalb von Norddeutschland ist *lützel* weitgehend vergessen, es ist jedoch noch vielfach in Ortsnamen zu entdecken. Am bekanntesten ist wohl ‚Lützelburg' (Kleine Burg), ein Begriff, der lange für den Staat ‚Luxemburg' verwendet wurde. In der Landessprache heißt er noch heute ‚Letzeburg'.

Und das Wort ‚wenig'? Im Mittelhochdeutschen taucht es als *wênic* oder *weinic* auf und verweist damit auf die Wurzel dieses Wortes: Es ist mit unserem ‚weinen' verwandt und bezeichnet etwas Beklagenswertes – so wie auch der Ausdruck ‚Weh'. Schon im Mittelalter beginnt jedoch diese ursprüngliche Bedeutung zurückzutreten, und *wênic* wird häufiger als Gegenteil von ‚viel' verwendet – so wie wir es auch heute noch tun.

Wie Mecklenburg zu seinem Namen kam

michel (Adjektiv/Adverb)
groß (als Adjektiv), sehr (als Adverb)

Wer heute das mittelhochdeutsche Wort *michel* hört, der denkt vielleicht an eine Version des Namens Michael, oder – falls man schon mal in Hamburg war – an eine große Kirche in der Hansestadt. Im Mittelalter aber ist das Wort unabhängig von dem hebräischen Namen in allen germanischen Sprachen auch als Adjektiv und als Adverb zu finden. Es hat hier die Bedeutung ‚groß' in der Verwendung als Adjektiv oder eine verstärkende Bedeutung als ‚sehr' in adverbialer Benutzung. Trotz der einst weiten

Verbreitung ist es – zumindest in der deutschen Sprache – schon im 16. Jahrhundert kaum noch anzutreffen.

In literarischen Texten des Mittelalters wird das Wort überaus häufig eingesetzt, um große Gegenstände, große Figuren oder große Werke zu beschreiben. Allein im „Nibelungenlied" findet man es über 100 Mal. So wird etwa eingangs von den ‚großen Taten' des jungen Siegfried berichtet:

In sînen besten zîten, bî sînen jungen tagen,
man mohte michel wunder von Sîvride sagen,
waz êren an im wüehse und wi schœne was sîn lîp.
sît heten in ze minne diu vil wætlichen wîp.

(In seiner besten Zeit, als er jung war, konnte
man von Siegfried große Wundertaten berichten,
wie sein Ansehen täglich wüchse und wie schön
er war. Deshalb fanden ihn später die hübschen
Frauen so begehrenswert.)[90]

Große Taten setzen bekanntlich große Gegner voraus – im „Iwein"-Roman des Autors Hartmann von Aue begegnet etwa der Artusritter Kalogreant auf einer Lichtung im Wald einem riesigen Ungeheuer – halb Mensch, halb Tier:

sîn menschlîch bilde
was anders harte wilde.
er was einem môre gelîch,
michel unde als eislîch
daz ez niemen geloubet.
zwâre im was sîn houbet
grôzzer danne einem ûre.

(Seine Erscheinung war menschlich, aber doch äußerst wild. Er sah aus wie ein Mohr, riesig und so schrecklich, dass es nicht zu glauben ist. Wahrhaftig, sein Schädel war größer als bei einem Auerochsen.)[91]

Dass sich dieses Ungeheuer später als friedfertig erweisen wird, der Ritter Kalogreant aber sehr selbstbezogen und grundlos einen Zweikampf sucht, um dadurch Ansehen zu erlangen, zeigt die Ironiefreude, mit der Hartmann häufig erzählt.

Heute finden wir das Wort *michel* im Deutschen nur noch in einigen Namen. Am bekanntesten ist die geografische Bezeichnung ‚Mecklenburg', die ursprünglich auf eine ‚große Burg' zurückging – denn im ‚Mecklen' steckt noch die niederdeutsche Variante von *michel*. Ebenfalls erhalten ist das Wort im Englischen: Das altenglische *micel* ist der Vorgänger des heutigen englischen Adverbs ‚much', das – ähnlich wie das deutsche *michel* – ‚viel' bedeuten kann. Und so stößt man in mittelhochdeutschen Texten hin und wieder auf Stellen, die fast an das englische ‚I love you very much' erinnern, zum Beispiel in einer mittelalterlichen Tugendlehre, die das Ganze allerdings moralisch dreht:

daz habe wir verkêret gar,
daz mag ich sprechen wol vür wâr,
wan wir minnen michels mêre
untugende dan der tugent lêre.
wir zürnen niht wider untugent:
unsern zorn hât diu tugent.

(Dieses haben wir ganz verkehrt – das kann ich wohl wahrhaftig sagen –, denn wir lieben oft viel mehr die Untugend als die Lehre der Tugend. Wir verachten nicht die Untugend, sondern richten unseren Zorn auf die Tugend.)[92]

Im Schwarzwald noch erhalten

schapel (Substantiv, neutral)

Kopfschmuck, Blumenkranz

Das spätlateinische Wort *cappa* für eine Kopfbedeckung ist gleich mehrfach ins Deutsche übernommen worden. Schon im Frühmittelalter findet sich die althochdeutsche Bezeichnung *kapha* für eine Mütze, die sich daran anschließende mittelhochdeutsche *kappe* ist so auch heute noch geläufig. Über einen kleinen Umweg ist das lateinische *cappa* jedoch im Mittelalter nochmal ins Deutsche gewandert: Die Verkleinerungsform von *cappa* lautet *capellus* – gewissermaßen ein kleines Hütchen. Als *chapel* wird diese Bezeichnung ins Altfranzösische übernommen, wo sie heute noch als ‚chapeau' (Hut) bekannt ist. Im Zuge der Orientierung an der französischen Hofkultur wanderte auch das altfranzösische *chapel* ins Mittelhochdeutsche, und damit sind wir beim Wort *schapel* angelangt.

Das *schapel* ist jedoch kein einfacher Hut, sondern meint in der Regel einen prächtigen Kranz aus Blumen oder aus Metall, der zu besonderen Anlässen oder Ehrungen getragen wurde. Es schmückte sowohl die Köpfe von Männern als auch von Frauen, wobei nicht ganz klar ist, ob sich die

Kränze je nach Geschlecht unterschieden. In der deutschen Literatur des Mittelalters wird das *schapel* jedenfalls oft erwähnt. Prominent kommt es im „Tristan“-Roman des Gottfried von Straßburg vor. Der Autor unterbricht seine Erzählung von Tristan und Isolde an einer Stelle und berichtet im sogenannten „Literaturexkurs“ von anderen Dichtern seiner Zeit. Dabei preist er etwa Hartmann von Aue und beschließt seine lobenden Worte mit:

swer guote rede ze guote
und ouch ze rehte kan verstân,
der muoz dem Ouwaere lân
sîn schapel *und sîn lôrzwî.*

(Wer gute Sprache gut und auch richtig zu verstehen vermag, der muß Hartmann (von Aue) seinen Siegerkranz und Lorbeer lassen.)[93]

Im Minnesang stoßen wir hingegen häufiger auf einen Blumenkranz für Frauen. In „Nement, frowe, disen cranz“, einem der bekanntesten Lieder Walthers von der Vogelweide, überreicht das Sprecher-Ich in der zweiten Strophe einer Dame einen Kranz und fordert sie auf, mit ihm auf der Heide Blumen pflücken zu gehen – was durchaus als sexuelle Anspielung zu verstehen ist:

Frowe, ir sît sô wol getân,
daz ich iuch mîn schappel *gerne geben wil,*
daz aller beste, daz ich hân.
wîzer unde rôter bluomen weiz ich vil.
Die stênt sô verre in jener heide,
dâ si schône entsprungen
und die cleinen vogele sungen,
dâ suln wir si brechen beide.

(Herrin, Ihr seid so schön, dass ich Euch meinen Kranz gern geben will, den allerschönsten, den ich habe. Weiße und rote Blumen weiß ich viele. Die stehen weit draußen auf jener Heide, wo sie schön entsprossen sind und die kleinen Vögel sangen, dort wollen wir sie beide pflücken.)[94]

Mit der Hofkultur des Hochmittelalters verschwand auch das Wort *schapel*. In der Form *scheppel* als Bezeichnung für einen Hut findet man es noch hin und wieder im Frühneuhochdeutschen, doch ist es auch dort bald vergessen. Nur in einigen regionalen Bräuchen lebt es weiter: So wird etwa im Schwarzwald der prächtige Kopfschmuck der Braut, die sogenannte Brautkrone, heute noch ‚Schäppel' genannt – hier lebt das verschwundene *schapel* also versteckt weiter.

Von der Tracht Prügel zur Trachtenmode

trahte (Substantiv, feminin)

Speise, Gang einer Mahlzeit

Was bedeutet es eigentlich, jemandem eine ‚Tracht Prügel' zu verabreichen? Und was hat die Tracht Prügel mit der Trachtenmode zu tun? Prügeln sich Menschen in Trachtenkleidung vielleicht gerne? Wer einmal in München auf dem Oktoberfest war, wird das gar nicht so abwegig finden ... Wie so oft hilft ein Blick in die Sprachgeschichte. Im Mittelalter findet sich nämlich das Wort *trahte*, das eine Speise im Sinne des Gangs einer Mahlzeit bezeichnet. Die ‚Tracht Prügel' ist also ein ‚Gang Prügel' im Sinne einer ‚Portion Prügel'. Das mittelhochdeutsche Wort *trahte* taucht allerdings nicht in einem gewalttätigen, sondern allein im kulinarischen Kontext auf. Es leitet sich vom Verb ‚tragen' (mhd. *tragen*) ab, meint also die Speise, die bei Tisch aufgetragen wird. Noch deutlicher wird dies bei verwandten Wörtern wie ‚trächtig' zur Bezeichnung einer Schwangeren, die ein Kind trägt – im Mittelhochdeutsch wurde dieses Wort *(trehtec)* übrigens im Gegensatz zu heute nicht nur für Tiere, sondern auch für Menschen verwendet.

In der Literatur, die viel von höfischen Festen erzählt, bei denen natürlich auch gerne gegessen wird, findet sich das Wort *trahte* häufig. Ein besonders eindrückliches Beispiel ist eine kurze Erzählung des Autors Konrad von Würzburg, die unter dem Namen „Herzmære" bekannt ist und von einer unglücklichen Liebe erzählt: Eine verheiratete Dame ist in einen Ritter verliebt. Ihr Ehemann ist misstrauisch, und aufgrund einiger Verwicklungen muss der Ritter ins Heilige Land reisen. Dort stirbt er voller Sehnsucht nach der Dame. Sein Knappe soll das Herz des Ritters als Zeichen seiner Liebe zu ihr zurückbringen, doch gelingt es dem Ehemann, dem Knappen das Herz abzunehmen, bevor dieser die Dame erreicht. Der Mann lässt das Herz dann heimlich als *trahte* zubereiten und setzt es seiner Frau vor:

„Frouwe", sprach er aber zir,
„vernim vil rehte waz ich dir
mit worten hie bescheide:
zam und wilde beide
was disiu trahte, sam mir got!
den fröuden wilde sunder spot,

den sorgen zam ân underlâz:
du hâst des ritters herze gâz".

(„Frau", erwiderte er ihr, „hör Dir genau an, was ich Dir jetzt erkläre: zahm und wild zugleich war diese Speise, bei Gott! Der Freude entfremdet ganz gewiß, den Sorgen vertraut ohne Unterlaß: Du hast das Herz des Ritters gegessen".)[95]

Die Geschichte endet übrigens damit, dass die Frau stirbt, nachdem sie die grausige Wahrheit über die *trahte* erfahren hat, die sie soeben gegessen hat.

Etwa um 1500, mit dem Ende des Mittelalters, änderte sich langsam auch die Bedeutung des Wortes: Anstatt aufgetragener Speisen bezeichnete es nun die Kleidung, die am Körper getragen wird. Als ‚Tracht' ist es bis heute für eine bestimmte traditionelle, an spezifische Orte oder Berufsgruppen gebundene Kleidung noch gebräuchlich. In Fachsprachen steht ‚Tracht' allerdings immer noch in Verbindung mit Nahrung, wie etwa in der Imkerei, wo der Begriff die von den Bienen gesammelte Honigernte bezeichnet.

Weile ohne Eile

tweln (Verb)

bleiben, verweilen

Wer sich von Terminen nicht hetzen lässt, der verweilt gerne etwas länger an einem Ort – auf mittelhochdeutsch könnte man sagen: jemand genießt es, ein wenig zu *tweln*. Im Englischen existiert dieses Wort heute noch: ‚dwell' ist hier das Verb für einen längeren Aufenthalt an einem Platz. Im Deutschen des Mittelalters wurde *tweln* sehr häufig verwendet und war auch als Substantiv *twâle* verbreitet im Sinne von ‚Aufenthalt', ‚Verzug'. Als etwa der Protagonist Iwein in Hartmanns von Aue gleichnamigem Artusroman während einer längeren Phase des Wahnsinns vollkommen verwildert, bleibt er nach seiner Heilung auf einer Burg, um sich zu erholen:

Sus twelte mîn herre Îwein hie
unz in diu wilde farwe verlie
und wart als ê ein schœne man.

(So blieb Herr Iwein hier, bis sein wüstes Aussehen verging und er wieder so schön wurde wie zuvor.)[96]

Neben der Grundform *tweln* finden sich noch weitere, davon abgeleitete Verben, etwa *entweln*, das mehr in der Bedeutung ‚aufhalten' oder ‚zögern' genutzt wird, wie in dieser Beschreibung eines Ritters im Artusroman „Diu Crône":

er ist aber bekant vil,
wan in îs und der snê
niht mêr entwelt dann der klê
deheiner sîner reise.

(Er ist jedoch sehr berühmt, da ihn Eis und Schnee bei seinen Reisen nicht mehr aufhalten als Klee.)[97]

Die gesamte Wortfamilie verschwand im Übergang zum Neuhochdeutschen. Populärer wurden dafür ab dem 16. und 17. Jahrhundert Verben wie ‚bleiben', das in seiner mittelhochdeutschen Form *belîben* auch schon im Mittelalter verwendet wurde, oder neue Wortbildungen wie ‚zögern', das von ‚ziehen' abgeleitet ist.

Nur am Finger getragen

vingerlîn (Substantiv, neutral)

Ring

Das mittelhochdeutsche *vingerlîn* bezeichnet nicht etwa wie unser heutiges Wort ‚Fingerling' eine besondere Art des Handschuhs, sondern vielmehr einen am Finger getragenen Ring, wörtlich übersetzt ein ‚Fingerlein'. Das Mittelhochdeutsche differenziert hier etwas genauer als unsere Gegenwartssprache: Auch im Mittelalter gibt es das Wort *rinc*, doch bezeichnet dies eher einen räumlichen Kreis oder handwerklich geformte Ringe, wie die Bestandteile eines Ringpanzers: *Dô sluoc der herre Irnfrit den küenen spilman, / daz im muosen bresten diu ringes gespan* (Da versetzte Herr Irnfried dem tapferen Spielmann einen Hieb, dass ihm die Panzerringe auseinanderplatzen mussten).[98] Das *vingerlîn* ist hingegen ein kostbarer und schmückender Ring, der in den Erzählungen häufig als Liebesgabe auftaucht.

Das Tauschen von Ringen ist nicht nur bei einer Hochzeit oder Verlobung üblich, sondern ist generell ein Zeichen tiefer Verbundenheit. Die Beschreibung eines klassischen Ringtauschs findet sich im „Tristan“-Roman von Heinrich von Freiberg, als Tristan und Isolde Weißhand heiraten:

und wart diz zvischen in beiden
mit truwen und mit eiden
bestetet, als iz solde sin:
er gap ir sin vingerlin
und sie im daz ire wider.

(Dieses wurde mit Treugelöbnissen und Eiden bekräftigt, wie es sich gehört. Er steckte ihr das Ringlein an, sie wiederum gab ihm das ihre.)[99]

Das Geben und Empfangen von Ringen folgt in den Artusromanen den Regeln des höfischen Zeremoniells: Der Ritter erwirbt über seine Taten Ansehen und wird dafür mit einem Liebespfand belohnt. Im „Parzival“-Roman Wolframs von Eschenbach bekommt der junge Held, der fernab vom Hofe aufwächst, von seiner Mutter den Rat, bei jungen Damen ein *vingerlîn* zu erwerben:

„swa du guotes wîbes vingerlîn
mügest erwerben unt ir gruoz,
daz nim: ez tuot dir kumbers buoz.“

(„Wo du Gelegenheit hast, von einer lieben Frau einen Ring zu erwerben und freundliche Worte, dort greif zu; das hilft dir gegen Traurigkeit.“)[100]

Doch kann dieses Minne-Modell bei Missverständnissen schnell ins Negative kippen: Als der ahnungslose Parzival nur wenig später auf die Herzogin Jeschute trifft, die allein in einem Zelt auf ihren Mann Orilus wartet, befolgt er den Ratschlag seiner Mutter zu wörtlich:

Er bedrängt Jeschute und nimmt ihr gegen ihren Willen einen Ring ab:

dâ nâch was dô niht ze lanc,
er druct an sich die herzogîn
und nam ir och ein vingerlîn.

(Und danach dauerte es nicht mehr lang, so drückte er die Herzogin an seinen Leib, und er nahm ihr auch noch jenen Ring weg.)[101]

Wie so viele von Parzivals frühen Handlungen hat auch diese schlimme Konsequenzen: Nachdem Parzival weitergezogen ist, kehrt Orilus zurück und vermutet fälschlicherweise, seine Frau habe ihn betrogen, woraufhin Jeschute schwer bestraft wird. Im Roman wird noch viel Zeit vergehen, bis Parzival sein Fehlverhalten erkennt und sich Orilus und Jeschute wieder versöhnen. Viel Zeit war dem *vingerlîn* in der Geschichte des Deutschen hingegen nicht vergönnt: Schon im 16. Jahrhundert ist es fast vollständig durch ‚Ring' ersetzt.

Alles andere als unflätig

vlætic, auch vlætec

(Adjektiv)
sauber, schön

In populären Büchern, Filmen oder Serien wird das Leben im Mittelalter häufig als eine ziemlich dreckige Angelegenheit dargestellt. Dies mag angesichts heutiger sanitärer Standards nicht ganz ungerechtfertigt sein, ist aber stellenweise doch auch übertrieben. Zu den höfischen Verhaltensweisen des Adels zählte durchaus ein Interesse an Sauberkeit und an der Reinigung des Körpers oder der Hände vor dem Essen. Da der Adel – neben dem Klerus – maßgeblich war für die Produktion von Literatur, werden diese Reinigungsrituale vielfach in erzählenden Texten beschrieben.

Dass Reinheit positiv besetzt war, lässt sich auch anhand des heute verschwundenen Wortes *vlætic* nachvollziehen: Das Adjektiv bezeichnet ursprünglich etwas Sauberes, schon im Mittelhochdeutschen wird es aber auch auf etwas Schönes bezogen. Es ist mit einer ganzen Gruppe von Worten verwandt, die sich alle auf Wasser beziehen: fließen, Fluss, Flut, Flosse, Floß usw. Erhalten ist es heute noch im Adjektiv ‚unflätig', das im Mittelhochdeutschen noch *unvlætic* hieß. Während dieses im Mittelalter aber noch das Schmutzige oder Hässliche bezeichnete, wird ‚unflätig' heute im übertragenen Sinne wie ‚unanständig' verwendet.

In mittelhochdeutschen Texten bezieht sich *vlætic* häufig auf den Körper des Menschen. In seiner Erzählung „Engelhard" berichtet Konrad von Würzburg von einer Figur, die vom Aussatz geheilt wird – woraufhin ihre Haut wieder *vlætic* ist:

sus wart er ûz den leiden
und von dem armen siechtagen
erlœset unde alsô getwagen
daz er dâ vor in keiner stunt
enwart sô rehte wol gesunt
noch alsô flætic an der hût.

(So wurde er von seinen Leiden und seiner bösen Krankheit erlöst und auf eine solche Weise gebadet, daß er früher niemals so völlig gesund gewesen war noch eine ebensoschöne Haut gehabt hatte.)[102]

Dass sich von den vielen mit *vlætic* verwandten Wörtern – wie etwa dem Substantiv *vlât* (Sauberkeit) oder dem Verb *vlæjen* (waschen) – ausgerechnet das ‚unflätig' bis heute erhalten hat, sagt dann vielleicht weniger über die hygienischen Zustände des Mittelalters als über unser eigenes Verhältnis zum Dreckigen aus ...

Höfische Bekleidung

wât (Substantiv, feminin)

Kleidung, Gewand, Tuch

Wenn von Kleidung die Rede ist, benutzt man im Hochmittelalter meist den Begriff *wât*: *Si gap wol tûsent wîben hêrlîche wât* (Sie überreichte herrliche Kleidung an wohl tausend Frauen) heißt es im Heldenepos „Kudrun".[103] Daneben finden sich aber auch die eher selten genutzten Wörter *kleit* und *gewant*. Während diese Begriffe als ‚Kleider' und ‚Gewand' bis heute existieren, ist das einst favorisierte *wât* aus unserem Wortschatz verschwunden. Es ist nicht ganz klar, inwieweit *wât* und das Verb ‚weben' auf eine gemeinsame Wurzel zurückgehen, doch haben sich auch in anderen Sprachen Wörter erhalten, die etymologisch mit *wât* verwandt sind: Etwa das englische ‚weed', heute gebräuchlich als ‚Unkraut', im Altenglischen *(wǣd)* aber in der Bedeutung von ‚Kleidung'. In der höfischen Literatur des Mittelalters, die häufig lange Beschreibungen der prachtvollen Kleidung ihrer Protagonisten liefert, um deren exzeptionellen Status zu unterstreichen, finden sich zahlreiche Belege für das Wort *wât*. So schildert Gottfried von Straßburg Tristans Erscheinen bei Hofe folgendermaßen:

sîn geschepfede und sîn wât
die gehullen wunneclîche in ein.
si bildeten under in zwein
einen ritterlîchen man.

(Sein Körper und seine Kleider entsprachen einander wunderbar – beide zusammen bildeten sie einen einzigen vollendeten Ritter.)[104]

Der alte Begriff *wât* hat übrigens noch einen Bezug zu unserer heutigen ‚Leinwand': Eine *lînwât* ist im Mittelhochdeutschen ein Tuch oder ein Kleidungsstück aus Leinen. Im 17. Jahrhundert, als der Begriff *wât* aus der Mode gekommen war, wurde er wohl durch ‚Leinwand' ersetzt, das sich aus dem ‚Gewand' herleitet. Letzteres hängt übrigens mit ‚wenden' zusammen, bezeichnete ursprünglich also das gewandete, gefaltete Tuch.

winster (Adjektiv)
links

zese, zeswe (Adjektiv)
rechts

Die beiden grundlegenden Richtungen ‚links' und ‚rechts' hießen nicht immer so: Das deutschsprachige Mittelalter bezeichnete sie häufig noch als *winster* bzw. *zeswe*. Als beispielsweise der Ritter Keie, der in vielen Artusromanen zum Gespött seiner Umgebung wird, im „Parzival" des Wolfram von Eschenbach vom Pferd fällt, heißt es: *Keyn zeswer arm und winster bein / zebrach von disem gevelle* (Keie brach sich bei diesem Fall seinen rechten Arm und sein linkes Bein).[105] Diese älteren, auch im Althochdeutschen belegten Formen wurden im Lauf des Hoch mittelalters durch Ableitungen aus den mittelhochdeutschen Adjektiven *linc* (ungeschickt) und *reht* (gerade, richtig) ersetzt. Beide „neuen" Wörter sind also noch deutlich wertend: Im ‚linken' schwingt immer das Defizitäre (linkisch) oder die Täuschung mit (so wie wir heute noch sagen, dass jemand gelinkt wird), das ‚rechte' ist eng verwandt mit dem Recht, dem Gerechten und Richtigen. Auch im heutigen Englisch ist ‚right' übrigens sowohl die Bezeichnung für eine Richtung wie für das ‚Richtige'.

Hintergrund für die moralische Aufladung der Begriffe ist unter anderem die Bibel, in der ‚rechts' und ‚links' als ethische Orientierungspunkte vorkommen: Man solle den rechten

Weg einschlagen, nicht den linken (Pred. 10,2), und im Matthäusevangelium wird in Bezug auf das Jüngste Gericht geschrieben, dass sich die Seligen zu Gottes rechter Hand versammeln, die Sünder zu seiner linken (Mt. 25,33–46). Und so finden sich in mittelalterlichen Texten – auch außerhalb des geistlichen Spektrums – immer wieder Zweiteilungen, die Negatives auf der linken und Positives auf der rechten Seite anordnen. Im Artusroman „Wigalois“ wird etwa eine Pferdedecke beschrieben, die auf der rechten Seite grasgrün, auf der linken Seite jedoch blutrot gefärbt ist:

an der zeswen sîte
was si grüene alsam ein gras;
dâ zer winstern hant si was
tunkel rôt als ein bluot.

(An der rechten Seite war sie grün wie Gras,
auf der linken war sie tiefrot wie Blut.)[106]

In den skandinavischen Sprachen gibt es noch Bezeichnungen für ‚links‘ und ‚rechts‘, die gemeinsame Wurzeln mit den verschwundenen mittelhochdeutschen Begriffen haben: Das Altnordische hat ‚links‘ als *vinstri* bezeichnet, und so heißt diese Richtung noch im heutigen Dänisch ‚venstre‘.

wirs (Adverb / Adjektiv)

schlimmer

Aus dem Englischen ist man gewohnt, dass der Komparativ zu ‚bad' nicht ‚badder' lautet, sondern ‚worse'. Dass das Wort ‚worse' in der Bedeutung ‚schlimmer' kein Sonderfall des Englischen ist, sondern sich in vielen germanischen Sprachen findet bzw. in früheren Sprachstufen existiert hat, zeigt ein Blick in die Geschichte des Deutschen. Das Mittelhochdeutsche kennt nämlich als Steigerungsform von *übele* (übel) das Wort *wirs*, als Superlativ findet sich sogar *wirsest*. Als Allerweltswort ist *wirs* reich belegt, es taucht in fast allen literarischen Texten auf. Der Artusroman „Wigalois" verwendet es etwa in der sehr plastischen Beschreibung eines Drachen:

zwei ôren hêt er als ein mûl;
sîn âtem stanc, wand er was vûl,
wirs dan ein âs daz lange zît
an der heizen sunnen lît;
ouch hêt er vil unsüeze
als ein grîfe vüeze,
die wâren rûch als ein ber;

(Seine Ohren waren wie die eines Maultiers;
sein Atem war übelriechend, denn er war faulig,
schlimmer als bei Aas, das lange Zeit in der
Sommerhitze liegt. Außerdem hatte er sehr
unförmige Füße wie ein Greif; sie waren behaart
wie bei einem Bären.)[107]

Schon im Spätmittelalter wird *wirs* seltener, in der Frühen Neuzeit verschwindet es ganz. Grund dafür ist, dass zum einen mit dem Komparativ ‚übler' eine neue, gewissermaßen künstliche Steigerungsform gebildet wurde. Zum anderen wird das Wort ‚übel' selbst seltener gebraucht, die konkurrierenden Wörter ‚schlimm' und ‚schlecht' werden hingegen populärer. Diese zwei Wörter sind keinesfalls neu, ihr Bedeutungsgehalt ändert sich aber mit dem Ausgang des Mittelalters: Beide sind eigentlich geometrische Bezeichnungen: *slimp* heißt im Mittelhochdeutschen ‚schief' oder ‚schräg' und gewinnt erst im 16. und 17. Jahrhundert seine heutige, auf etwas Ungutes verweisende Bedeutung. Das mittelhochdeutsche Adjektiv *sleht* meint hingegen etwas Gerades, Einfaches (so wie das heutige schlicht). Ab dem 15. Jahrhundert wird die Bezeichnung des Einfachen immer mehr in Kontrast zum Kostbaren gesetzt und daher stärker als minderwertig verstanden. ‚Schlimm'/‚schlimmer' und ‚schlecht'/‚schlechter' nehmen daher bald die Stelle ein, die in mittelhochdeutschen Texten noch *übele* und *wirs* zukam.

Brett und Spiele

zabel (Substantiv, maskulin)
Spiel, Brettspiel

Wer das mittelhochdeutsche Wort *zabel* liest, denkt vielleicht zuerst an einen Zappelphilipp. Damit hat dieses Wort aber nichts zu tun, vielmehr leitet es sich aus dem lateinischen *tabula* (Brett, Tafel) ab. Dass das deutsche Wort hier mit einem ‚z' beginnt, hat mit einem sprachhistorischen Phänomen zu tun, dass uns bei den mit ‚z' beginnenden Wörtern häufiger begegnet, nämlich der sogenannten Zweiten oder Hochdeutschen Lautverschiebung. Diese hat durch einen Konsonantenwechsel die hochdeutsche Sprache von anderen germanischen Sprachen abgegrenzt (siehe auch *zagel*, Seite 166 und *zaher*, Seite 199).

Was aber war nun ein *zabel*? Die Ableitung aus *tabula* weist darauf hin, dass wir es hier mit einem Spielbrett zu tun haben: *schachzabel* hieß etwa das Schachbrett, aber auch das Schachspiel an sich. Nach einer im Mittelalter populären Vorstellung wurde das Schachspiel übrigens im Trojanischen Krieg erfunden. So erzählt beispielsweise Konrad von Würzburg in seinem monumentalen Roman über ebendiesen Krieg:

dô wart ouch schâchzabel erdâht
und wart ouch vür die herren brâht,
und der die selben listen fant,
der was NISUS genant.

(Dort wurde auch das Schachspiel erfunden und vor die Herren gebracht. Und derjenige, der diese klugen Dinge erfand, der wurde Nisus genannt.)[108]

Ein anderes populäres Spiel war das *wurfzabel*, eine Art Backgammon. Wie der Name schon sagt beinhaltet es Würfel, deren Wurf über die Bewegung der Spielsteine entscheidet. Auch dem *wurfzabel* wurde ein Ursprung im Trojanischen Krieg nachgesagt, der offenbar außer dem Holzpferd noch andere Innovationen hervorbrachte:

Wurfzabel ich daz spil iu nenne.
Daz vant ein ritter hiez Aleô
Vor Troie, des sît vil maniger unfrô
Ist worden und wirt leider noch,
Dem spil ûf bindet des kummers joch.

(Ich nenne euch das Spiel: Wurfzabel. Das hat ein Ritter namens Aleo vor Troja erfunden. Seitdem ist deswegen so mancher traurig geworden und wird dies leider immer noch, dem von dem Spiel das Joch des Kummers aufgedrückt wird.)[109]

Abseits dieser interessanten Einblicke in die Spielkultur des Mittelalters drängt sich aber noch eine andere Frage auf: Wenn das lateinische *tabula* im Deutschen zu *zabel* wurde, wo kommt dann unser Wort ‚Tafel' her? Die einfache Antwort: ebenfalls vom lateinischen *tabula*! Wie aus einem lateinischen Wort plötzlich verschiedene deutsche Wörter werden, ist allerdings gar nicht so einfach zu erklären. Man geht davon aus, dass das lateinische *tabula* gewissermaßen zwei Mal ins Deutsche eingewandert ist: Einmal vor der hochdeutschen Lautverschiebung, in deren Verlauf es zu *zabel* wurde, ein zweites Mal wohl nach der Lautverschiebung. Dabei behielt es dann sein anlautendes ‚t': *tavel* im Mittelhochdeutschen, ‚Tafel' im Neuhochdeutschen.

Natur und Medizin

Die naturkundlichen und medizinischen Vorstellungen des Mittelalters waren stark von antikem Wissen geprägt, das durch spätantike Autoren wie Isidor von Sevilla zumindest in Teilen erhalten geblieben war. In heute verschwundenen deutschen Wörtern aus diesen Bereichen finden sich aber auch ganz andere Vorstellungen von der Tier- und Pflanzenwelt, die einen genauen Blick lohnen, denn sie verraten uns zum Beispiel, warum ein Bienenzüchter Imker heißt und wie die Loreley zu ihrem Namen kam. Auch viele Eigennamen etwa von Städten gehen auf mittelalterliche Begriffe für Pflanzen und Tiere zurück.

berille, barille

(Substantiv, maskulin)
Name eines Edelsteins (Beryll)

Das mittelhochdeutsche Wort *berille* gehört in die Kategorie jener deutschen Wörter, die nicht ganz verschwunden sind, sondern ihre Bedeutung geändert haben: Aus einem Edelstein wurde unsere heutige Brille!

Im Mittelalter war *berille* (häufig findet man auch die Form *barille* oder *parille*) zunächst ein Fremdwort, das sich aus dem lateinischen *beryllus* ableitete. Gemeint war damit das Mineral Beryll, das für seine farbigen Varietäten bekannt ist, etwa als grüner Smaragd oder als blauer Aquamarin. Verwendet wurde es jedoch in der Regel generell für einen klaren Kristall. So schreibt Konrad von Megenberg in seinem „Buch der Natur" über diesen Stein: *der ist plaich an der varb, geleich den merwazzern* (der ist von weißer Farbe (= durchsichtig), wie das Meerwasser).[110] Oft wird auf die Leuchtkraft des weißen Kristalls abgehoben, etwa in Konrads von Würzburg Schilderung des antiken Liebespaars Jason und Medea:

man haete wol an in gesehen,
daz ir beider wille
schein lieht als ein berille
an herzeclicher trûtschaft.

(Man konnte an ihnen beobachten, dass der Wille der beiden zu herzlicher Liebe leuchtete wie ein Beryll.)[111]

In seinem Gralsroman „Jüngerer Titurel" erzählt Albrecht von Scharfenberg von einem Ritter, der einem seiner Kinder den Namen des Edelsteins gibt: *Ein sin sun Parille hiez er nach dem steine* (Einen seiner Söhne benannte er Beryll, nach dem Edelstein). In der Begründung deutet der Autor bereits an, dass der Beryll nicht nur als leuchtender Kristall geschätzt wurde, sondern – in glatt geschliffener Form – auch als Hilfsmittel zum Lesen. So wie der Beryll die in ihm zu lesende Schrift vergrößere *(Sam der berillus groͤzet di schrift in im ze lesene)*,[112] mache er aus kleinen Tugenden große *(uz cleinen tugenden machte er di grozen)*.[113]

Der Gralsroman Albrechts von Scharfenberg entstand um 1260/70, die Herstellung geschliffener Brillengläser etablierte sich wohl um 1300 in Oberitalien. Schon früh benutzte man also den glatt geschliffenen Beryll als Vergrößerungsglas. Das Aufkommen der neuen Technik sollte dann auch das Geschlecht des Wortes verändern, denn im Mittelhochdeutschen war *berille* noch männlich. Der Grund, warum wir heute ‚die' Brille sagen, liegt darin, dass ursprünglich ein Plural gemeint war – eine Brille besteht schließlich aus zwei glatt geschliffenen Gläsern. Unser heutiger Plural ‚Brillen' ist daher eine „künstliche" Neubildung.

Wie die Brombeere zu ihrem Namen kam

brâme (Substantiv, maskulin)

Dorn, Dornstrauch (spezifischer: Brombeerstrauch)

Die meisten Namen unserer Beerenarten lassen sich leicht verstehen: In der Erdbeere steckt die ‚Erde', in der Heidelbeere die ‚Heide'. Aber woher kommt das ‚Brom' der Brombeere? Hier hilft das Mittelhochdeutsche weiter, denn im Mittelalter gab es noch das Substantiv *brâme* als Bezeichnung eines dornigen Strauchs – wer schon einmal Brombeeren gepflückt und die Stacheln der Pflanze kennengelernt hat, kann den Namen gut nachvollziehen!

Der *brâme* wird in den Texten meist als der Teil der Pflanze verstanden, an dem man sich kratzt. Dies muss etwa der junge Ritter Schionatulander erfahren, als er einem Jagdhund nacheilt, der seiner Geliebten Sigune entlaufen ist: *Im wurden diu blôzen bein ganz zerkratzet von den brâmen. / die sînen blanken füeze an dem loufe ouch von stuften ein teil wunden nâmen* (Die nackten, heilen Beine wurden ihm von dem Dornengestrüpp zerschunden. Seine weißen Füße trugen beim Laufen auch von den Stacheln und Dornen starke Wunden davon).[114]

Mit Sigune und dem zerkratzten Schionatulander nimmt es in der Erzählung von Wolfram von Eschenbach kein gutes Ende. Ganz anders sieht es in einem anderen Text Wolframs aus, nämlich dem Heldenepos „Willehalm": Dort ignorieren die Ritter in der Schlacht heroisch ihre Verletzungen: *etslicher groze wunden / ahte als einer bramen kraz* (Manch einer achtete auf seine tiefen Wunden so wenig wie auf einen Dornenkratzer).[115]

Im Englischen gibt es heute noch das Wort ‚bramble', das sowohl ein dorniges Gestrüpp als auch die Brombeere bezeichnet, wenngleich die Beere inzwischen häufig ‚blackberry' genannt wird. Eine Verwandtschaft besteht auch zu dem etwas veralteten deutschen Wort ,verbrämen'. Es meint wörtlich, dass man den Rand eines Kleidungsstücks verziert, zum Beispiel mit Pelzbesatz. Allerdings benutzen wir ,verbrämen' heute häufiger im übertragenen Sinne und bringen damit zum Ausdruck, dass etwas Negatives verhüllt wird. Die sprachhistorische Forschung geht davon aus, dass dem mittelhochdeutschen *brâme* eine ältere, umfassendere Wortbedeutung vorausging, die auch ,Kante', ,Ecke' und ,Spitze' umfasste, aus der sich unser heutiges ,verbrämen' ableitet.

Wer sich fragt, was eigentlich das ,Him' in der ,Himbeere' bedeutet, der findet ebenfalls im Mittelhochdeutschen eine Antwort – zumindest teilweise. Die Himbeere hieß im Mittelalter noch *hintber*, und in diesem Wort steckt die ,Hinde', die Hirschkuh. Warum allerdings die Beere nach der Hirschkuh benannt ist, lässt sich nicht mehr rekonstruieren – vielleicht hat sie ihr einfach gut geschmeckt ...

Ein Vogel macht sich zum Narren

gouch (Substantiv, maskulin)

Kuckuck, Narr

Unser heutiges Wort ,Kuckuck' ist ein sogenanntes onomatopoetisches Wort, es bildet also einen Laut nach – in diesem Fall den Ruf des Vogels, der seine Eier in fremde Nester legt. Dieses lautmalende Wort wurde im 14. Jahrhundert immer populärer und setzte sich in der Frühen Neuzeit ganz durch. Davor hieß dieser Vogel *gouch*, und zwar nicht nur im deutschen Sprachraum, sondern auch in anderen germanischen Sprachen (altenglisch *ġēac*, altnordisch *gaukr*). Doch wurde auch dort das alte Wort zumeist durch ein Onomatopoetikum ersetzt, etwa im Englischen durch ‚cuckoo'.

In der deutschen mittelalterlichen Literatur ist *gouch* nicht nur der Name des Kuckucks, sondern häufig auch ein Schimpfwort im Sinne von ‚Narr' oder ‚Idiot'. So zum Beispiel im Tierepos „Reinhart Fuchs", das heute vor allem durch die Nachdichtung Goethes bekannt ist. Darin wird der Bauer Lanzelin von seiner Frau als *gouch* beschimpft, weil er die Hühnerdiebstähle von Fuchs Reinhart nicht verhindert:

„alder ***govch*** *Lanzelin,*
nv han ich der hvener min
von Reinharte zehen verlorn,
das mvet mich vnde ist mir zorn."

(„Alter Dummkopf Lanzelin, jetzt habe ich schon zehn Hühner durch Reinhart verloren; das verdrießt mich und macht mich wütend.")[116]

Warum der Kuckuck als Inbegriff des Narren gilt, ist unklar. Man vermutet, dass dies an seinem etwas eintönigen Ruf liegen könnte, oder dass damit eigentlich die Opfer des Kuckucks gemeint sind, die ahnungslos dessen Kinder großziehen. Dieses Verhalten des Kuckucks wird in den Texten ebenfalls aufgegriffen. So beraten in einer bekannten Szene des „Nibelungenlieds" die Burgunden nach dem Streit zwischen Kriemhild und Brünhild über die Ermordung Siegfrieds. Dabei fragt Hagen *„Suln wir gouche ziehen?"* („Sollen wir uns Kuckucke großziehen?“)[117] und plädiert damit dafür, Siegfried aus dem Kreis der Burgunden zu entfernen, sprich ihn zu töten. Hintergrund scheint die Eigenschaft des Kuckucksükens zu sein, die anderen Vogeljungen aus dem Nest zu werfen. Der großspurig und fordernd auftretende Siegfried wird also als Problem wahrgenommen, das beseitigt werden muss, um nicht selbst unterzugehen.

In der Neuzeit ist *gouch* nur noch vereinzelt als ‚Gauch‘ und fast immer in der Bedeutung ‚Narr‘ anzutreffen, so etwa in Goethes „Faust II“, als Mephistopheles zu den Satanen spricht:

Was duckt und zuckt ihr? ist das Höllenbrauch?
So haltet Stand und laßt sie streuen.
An seinen Platz ein jeder Gauch![118]

Hagebutten aus Den Haag

hac (Substantiv, maskulin/neutral)
Gebüsch, Hecke, Einfriedung

Das mittelhochdeutsche Substantiv *hac* ist zwar aus unserer Umgangssprache verschwunden, aber in vielen Zusammensetzungen noch erhalten. Ortsnamen, die auf -hag oder -hagen enden, lassen sich nicht nur überall in Deutschland finden, sondern auch bei unseren niederländischen Nachbarn (Den Haag). In botanischen Bezeichnungen wie Hagebutte steckt es ebenfalls noch. Was aber hat diese Frucht mit der nordrhein-westfälischen Stadt Hagen zu tun?

Um dies zu verstehen, hilft ein Blick auf die ursprüngliche Verwendung des Substantivs *hac*, das unterschiedliche Bedeutungen hatte. Am häufigsten bezeichnete es einfach ein dichtes Gebüsch. Im Heldenepos „Kudrun“ etwa tritt der Sänger Horand auf und singt so schön, dass alle Vögel im Gebüsch schweigen:

Hôrânt begunde singen, daz dâ bî in den hagen
geswigen alle vogele von sînem süezen sange.

(Horand begann zu singen – und dort in den Gebüschen schwiegen alle Vögel aufgrund seines süßen Gesanges.)[119]

Vom ‚Gebüsch‘ oder der ‚dichten Hecke‘, oft auch ‚Rosenhecke‘, ist es naturgemäß nicht weit zu einer Bedeutung, die auf die schützende oder einfriedende Funktion dieser Hecke abhebt. Davon leiten sich übrigens die Wörter ‚Einhegung‘ und ‚Gehege‘ ab, die im Mittelhochdeutschen teils noch *gehage* hießen. So ist im Artusroman „Lanzelet“ der *hac* eine zusätzliche Maßnahme, um eine Burg zu schützen:

ich wil iu sagen für wâr,
vor der burc leit ein hac,
dâ nieman durch komen mac
vor grôzem ungezibele.
dâ ist allez ein genibele
niden an der halden.
von würmen manicvalden
ist der hac behüetet harte.
ez ist gar ein wurmgarte.

(Ich will euch tatsächlich erzählen, dass vor der Burg eine Umfassung liegt, die wegen großen

Ungeziefers niemand durchqueren kann. Dort unten am Abhang ist alles voller Nebel. Die Umfassung wird von vielerlei Schlangen/Drachen stark beschützt. Es ist ein richtiger „Wurmgarten".)[120]

Kennzeichnend für den *hac* ist also seine schützende Wirkung, die auf die nur schwer durchdringbaren Dornen einer Hecke zurückzuführen ist. So wird etwa der Weißdorn im Mittelhochdeutschen *hagendorn* genannt – eine Bezeichnung, die auch heute noch als ‚Hagedorn' in einigen Regionen Deutschlands üblich ist. Die auf -hagen gebildeten Ortsnamen leiten sich davon ab, dass sie ursprünglich einen von Hecken umzäunten Ort meinten. Das erklärt letztlich auch die Hagebutte: Sie ist bekanntlich die Frucht der Hundsrose, die auch Heckenrose genannt wird, denn sie ist überaus stachelig!

Warum der Imker nicht Bienenhalter heißt

imbe (Substantiv, maskulin)
Bienenschwarm, Bienenstock, teils auch: Biene

Dass jemand, der sich um Bienen kümmert, im Englischen ‚beekeeper' genannt wird, erscheint logisch. Aber warum sprechen wir im Deutschen nicht auch von einem ‚Bienenhüter', sondern vom ‚Imker'? Um zu verstehen, was das Wort Imker mit einer Biene zu tun hat, hilft ein Blick zurück. Im Mittelhochdeutschen gab es nämlich noch zwei Wörter für die honigproduzierenden Insekten:

einmal die *bîn*, aus der sich unser heutiges Wort ‚Biene' entwickelt hat, und daneben *imbe*, was vor allem einen ganzen Bienenschwarm meinte.

Aus dem Althochdeutschen ist noch eine christliche Fürbitte erhalten, um einen entflogenen Bienenschwarm wieder einzufangen. Dieser sogenannte „Lorscher Bienensegen" aus dem 10. Jahrhundert beginnt mit den Worten *Kirst, imbi ist hucze* (Christus, der Schwarm ist heraus).[121] Im Folgenden wird die Jungfrau Maria gebeten, dafür zu sorgen, dass der Bienenschwarm still sitzen bleibt und sich wieder einfangen lässt.

Im späteren Mittelhochdeutsch finden sich Texte, in denen das Wort *imbe* auch für die einzelne Biene benutzt wurde. So erzählt beispielsweise Rudolf von Ems in seiner „Weltchronik" die biblische Geschichte von Samson, der eigenhändig einen Löwen zerreißt, in dessen Maul er auf einen großen Bienenschwarm stößt:

Sampson hin mit dén sinin gie
da er den leuwin ê ligin lie.
dem hate in sinim munde
genistet al die stunde
von imbin ein michil swarn,
der drin durch nisten was gevarn
und hate indem selbin zil
gebrůtet drinne honegis vil.

(Samson ging mit seinen Leuten dorthin, wo er den Löwen vorher liegen gelassen hatte. Diesem hatte in seinem Maul ein großer Schwarm an Bienen die ganze Zeit genistet, der dorthinein zum Nisten geflogen war und der an dem gleichen Ort viel Honig ausgebrütet hatte.)[122]

Mit dem mittelhochdeutschen Wort *imbe* lässt sich damit zumindest der erste Teil des Wortes ‚Imker' erklären. Unklar ist allerdings noch die Herkunft des zweiten Bestandteils – eventuell geht er auf das mittelhochdeutsche Wort *kar* (Gefäß) zurück. Es gibt aber noch einen zeitgenössischen Verwandten: Schon im Mittelhochdeutschen schrieb man statt *imbe* teilsweise *imme*. Und dies ist heute noch der Ordnungsname für einige Insektenarten, wie etwa die ‚Stechimmen', zu denen auch die Honigbiene zählt.

Kunterbunte Monster?

kunter, auch kunder

(Substantiv, neutral)
Monster, Tier, Lebewesen

Die Geschichte des mittelhochdeutschen Wortes *kunter*, teils auch *kunder* geschrieben, ist noch weitgehend ungeklärt. Es lässt sich in den meisten Fällen mit ‚Monster' übersetzen, teils auch mit ‚Tier' oder allgemein mit ‚Lebewesen'. Diese letzte Bedeutung zeigt eine mögliche Verwandtschaft zu Wörtern wie *künne* (siehe Seite 60) oder *kint* (Kind), die ebenfalls eine bestimmte Gruppe von Menschen oder Kreaturen generell bezeichnen. Erwogen wurden auch Verbindungen zu einigen Wörtern aus der altnordischen Sprachfamilie wie etwa *kynstr* (seltsame Dinge, Vorzeichen). Doch sind auch diese Zusammenhänge nicht zweifelsfrei belegt. Hilfreich ist hingegen ein Blick in die mittelalterliche Literatur. So hat etwa der Gralsroman „Jüngerer Titurel“ Erstaunliches über den Orient zu berichten:

da lebten manger lune, si sahn den kokodrillen wunder schaffen, / von dem der helfant dicke mů̊z erschricken. / den ist der serpant jagende, dem kan daz fiur uz hals die virre blicken. / Wer moht so mange kunder *erdenken und erzellen? / daz mer hat manger wunder dann in Swarze walt der boume stellen.*

(Dort lebten viele Löwen; sie sahen, wie das Krokodil erstaunliche Dinge tat, vor denen der Elefant sich oft erschrecken muss. Der wird von der Schlange gejagt, die kann aus ihrem Hals Feuer in die Ferne schleudern. Wer könnte sich so viele Monster ausdenken und von ihnen erzählen? Das Meer hat mehr Wunder als im Schwarzwald Bäume stehen.)[123]

Während die vielen *kunder* in diesem Roman eher Monstrositäten darstellen, findet sich in anderen Texten auch eine eher neutrale Verwendung des Wortes. So beschreibt der Autor Hugo von Trimberg in seinem Lehrgedicht „Der Renner“ etwa eine Jagdtechnik des Krebses, der an die *kunterlîn*, also die kleinen Lebewesen, in einer Muschel herankommen möchte:

Der krebez izzet gern diu kunterlîn,
Diu in den wazzer muscheln sîn: (...)
Sô si sich bechelnt gein der sunnen
Und ûf tuont diu müschellîn,
Sô schiubet er ein steinlîn drîn,
Daz die muscheln wider drücke
Sô si sich zesamen smücke;
Sus ziuhet er mit den scheren sîn
Ûz den schaln diu kunterlîn.

(Der Krebs isst gerne die kleinen Lebewesen, die in den Wassermuscheln sind. (...) Sobald sie (= die Muscheln) sich von der Sonne erwärmen lassen und ihre Schale öffnen, schiebt er einen kleinen Stein hinein, der gegen die Muschel drückt, wenn sie sich wieder zusammenzieht. Auf diese Weise kann er mit seinen Scheren die kleinen Lebewesen aus den Schalen ziehen.)[124]

Im 16. Jahrhundert breitete sich dann das aus dem lateinischen *monstrum* übernommene Substantiv ‚Monster' immer weiter aus und verdrängte das Wort *kunter*. Wer jetzt denkt, unser Adjektiv ‚kunterbunt' sei ein letztes Überbleibsel, ist leider auf der falschen Fährte: Vielmehr wurde in der Frühen Neuzeit der lateinische Begriff *contrapunctum* für die musikalische Technik des Kontrapunkts in *contrabund* eingedeutscht, im Sinne von ‚durcheinander', ‚abwechslungsreich'. Aus dem frühneuhochdeutschen *contrabund* wurde dann unser heutiges ‚kunterbunt', in dem nicht mehr die Musik vielseitig ist, sondern die Farben.

Wie die Loreley zu ihrem Namen kam

leie, lei (Substantiv, feminin)

Stein, Felsen

Wer auf dem Mittelrhein flussabwärts Richtung Köln fährt, dem begegnen Ortsnamen wie Erpeler Ley oder Rabenlay und natürlich die berühmte Loreley. Gemeinsam ist ihnen, dass sie sehr felsig sind – und hier steckt auch die Bedeutung des

Wortes ‚Ley' bzw. ‚Lay', das im Mittelhochdeutschen noch *lei* oder *leie* heißt und ‚Stein' sowie ‚Felsen' meinte. Es lässt sich übrigens leicht verwechseln mit dem weitaus häufigeren *leie*, das ‚Laie' heißt und in dieser Bedeutung noch heute im Gebrauch ist. Wenn aber etwa eine Kölner Stadtchronik über den sehr kalten Winter des Jahres 1435 berichtet, dass man über den Rhein spazieren konnte, dann ist gemeint, dass der Fluss steinhart gefroren war:

dat vulk geink also dicke darup ind darover,
recht inweir it neit wasser gewest, recht os it
ein harde leie hedde gewest.

(Das Volk ging also oft darauf und darüber,
ganz als ob es kein Wasser gewesen wäre,
ja als ob es ein harter Stein gewesen wäre.)[125]

Schon im Mittelhochdeutschen lässt sich *leie* fast ausschließlich in Texten aus den rheinischen Gebieten finden. Man nimmt an, dass es aus dem (alt-)niederdeutschen Sprachraum übernommen wurde. Doch sind auch keltische Wurzeln denkbar, denn im Altirischen wurde ein Stein *līa* genannt.

Das Wort *leie* bezeichnete nicht nur große Felsen wie die Loreley, sondern auch ein spezielles Gestein: den Schiefer. Dachdecker, die sich auf Schiefer spezialisiert hatten, hießen im südwestdeutschen Sprachraum noch lange nach dem Mittelalter Leiendecker bzw. Leyendecker, und noch heute ist diese Berufsbezeichnung ein weit verbreiteter Nachname.

Bleibt die Frage, wofür die ‚Lore' in der Loreley steht? Clemens Brentano schrieb den Namen in seiner berühmten Ballade aus dem Jahr 1800 noch getrennt: „Lore Lay". Die ‚Lore' könnte sich von der mittelhochdeutschen *lûre* ableiten – unserer heutigen ‚Lauer' im Sinne eines Hinterhalts. Da die Loreley für ihre gefährlichen Untiefen und Strudel berühmt ist, erscheint diese Herleitung durchaus plausibel, ganz gesichert ist sie aber nicht.

Vom Zermahlen und Zermalmen

melm (Substantiv, maskulin)

Staub, Sand, Erde

Wenn man den Satz „Die Mühle mahlt Mehl" liest, fällt schnell auf, dass die dort verwendeten Wörter alle miteinander verwandt zu sein scheinen. Sie bezeichnen den Ort, an dem Dinge zerkleinert werden (Mühle), die Tätigkeit selbst (mahlen, zermahlen) oder das Produkt (Mehl). Hier scheint also eine große, miteinander verwandte Wortgruppe vorzuliegen, deren Wurzeln bis in frühe germanische Sprachen (altnordisch *mala* – mahlen), aber auch ins Lateinische (*molere* – mahlen) reichen.

Zu dieser Wortgruppe gehören auch etymologisch verwandte Wörter, die statt des mittleren ‚l' die Kombination ‚lm' aufweisen. Während wir aus dieser Gruppe noch das Verb ‚zermalmen' kennen, ist das dazugehörige mittelhochdeutsche Substantiv *melm* heute vergessen. In Texten des Mittelalters ist es häufig als Wort für Zerkleinertes wie Staub, Sand oder Erde zu finden, während zur Bezeichnung zermahlenen Getreides bereits damals *mel* (Mehl) üblich war.

Der eher sandige oder staubige Boden *melm* spielt in Kampf- und Schlachtschilderungen eine wichtige Rolle, so zum Beispiel im „Willehalm"-Roman des Wolfram von Eschenbach:

diu künegin Gyburc gesach
manigen ungevüegen stoup,
daz der wint melm und loup
uf al geliche vuorte,
da manic storje ruorte
diu ors mit sporen durh gahen zuo.

(Da erblickte die Königin Gyburc viele große Staubwolken, wie der Wind Sand und Laub zusammen aufwirbelte, wo viele Reiterhaufen den Pferden die Sporen gaben und heranstürmten.)[126]

Deutlich blutiger geht es bereits im „Lohengrin" zu, einer anonym überlieferten Erzählung über den gleichnamigen Schwanenritter:

Der strît sich under einander war,
daz die kristen und die heiden wurden gar
mit manigem hurte ze einer schar gemischet.
Dâ von êrst der melm sich mit bluot begunde verben.

(Der Kampf zwischen ihnen führte dazu, dass die Christen und die Heiden durch vieles Anrennen zu einer einzigen Menge gemischt wurden. Da erst begann sich der staubige Boden mit Blut zu färben.)[127]

Im heutigen Deutsch ist das Wort *melm* komplett durch ‚Staub' (mittelhochdeutsch *stoup*) oder ‚Sand' ersetzt. Bei einer Reise nach Schweden begegnet einem das Wort aber durchaus wieder: So bezieht sich zum Beispiel der Name der Stadt

Malmö auf *malm*, die schwedische Bezeichnung für ‚sandigen Boden'. Weil dieser in Schweden häufig vorkommt, ist er auch Bestandteil vieler Ortsbezeichnungen.

Vom Meeresgarten zu Mittelerde

mergarte (Substantiv, maskulin)

Welt, die (vom Meer umschlossene) Erde

Noch heute hält sich die Annahme, im Mittelalter habe man sich die Welt als Scheibe vorgestellt. Das Gegenteil ist richtig: In den philosophischen und literarischen Texten aus dieser Zeit wird die Erde in der Regel als kugelförmig beschrieben. Doch finden sich vereinzelt auch andere Vorstellungen, wie unsere Welt aussehen könnte – eine davon scheint im Wort *mergarte* zu stecken.

Wer bei diesem Wort zuerst an einen ‚Meeresgarten' denkt, liegt damit gar nicht so falsch, denn es lässt sich wörtlich als ‚eine vom Meer umgebene Einhegung' übersetzen. Im Mittelhochdeutschen bezeichnet der *garte* ein kleines, bepflanztes Stück Land, aber auch generell eine Umfriedung oder Einhegung. Schon im Althochdeutschen wird *merigarto* als Übersetzung des lateinischen *terra* (Erde) verwendet, scheint sich also auf die von Menschen bewohnte Welt zu beziehen.

Im Mittelhochdeutschen ist *mergarte* nur noch in sehr frühen Texten anzutreffen und scheint dabei vor allem eine geografische Bedeutung gehabt zu haben, als Bezeichnung des genauen

Raums, in dem wir Menschen leben. So heißt es in der um 1150 verfassten „Kaiserchronik“: *die grimmigen wuoterîche,* (...) *in allem disem mergarten / vorhte man si harte* (Diese grausamen Wüteriche fürchtete man sehr auf der ganzen Welt).[128] Im Hochmittelalter wurde das Wort jedoch allmählich durch *werlt* (Welt) ersetzt, das neben der räumlichen auch eine zeitliche Bedeutung hatte im Sinne von ‚Weltalter‘, ‚Zeitalter‘: *hundert iar heissent seculum, daz ist ein welt* (Hundert Jahre heißen *saeculum*, dies ist eine Welt), schreibt beispielsweise die „Mainauer Naturlehre“.[129]

Welche Vorstellungswelt mit *mergarte* verbunden war, ist nicht mehr genau zu rekonstruieren, doch lassen sich einige Parallelen finden. So gibt es etwa im Altnordischen den Begriff *Miðgarðr*, der auch in der Bedeutung ‚Welt‘, ‚Erde‘ gebraucht wird (wörtlich ‚die in der Mitte liegende Einhegung‘). Der Schriftsteller J.R.R. Tolkien hat daraus dann das Kunstwort ‚Mittelerde‘ gebildet, um seine Fantasiewelt zu benennen.

Strandfunde

mergriez (Substantiv, maskulin)

Sandkorn, Perle

Auch bei *mergriez* ist die naheliegende Assoziation ‚Meeresgrieß‘ nicht ganz abwegig, auch wenn diese Wortkombination zunächst nicht viel Sinn ergibt. Im Mittelhochdeutschen bezeichnete man mit *griez* jedoch nicht gemahlenes Getreide, sondern

Sand am Ufer eines Gewässers. Erst im Spätmittelalter verschob sich die Bedeutung in Richtung des Lebensmittels – wohl aufgrund seiner Ähnlichkeit mit Sand. Ein *mergriez* ist daher im Mittelalter zunächst einfach ein *griez* aus dem Meer, also ein Sandkorn. In seiner Lobpreisung der Jungfrau Maria wählt der Priester Wernher das Bild, Gott zähle alle Sandkörner *(den mergriez zelt)*,[130] um die göttliche Allmacht zu beschreiben.

Im Hochmittelalter bekommt *mergriez* eine weitere Bedeutung, die viel mit der Verbreitung des lateinischen Wortes *margarita* (Perle) zu tun hat: Zwar existiert damals bereits unser heutiges Wort ‚Perle', doch wurde zusätzlich der lateinische Begriff *margarita* „eingedeutscht" bzw. auf das ähnlich klingende *mergriez* übertragen. So findet in einer beliebten Fabel ein Hahn eine wunderschöne Perle:

dô er kratzen begunde,
dô vant er in kurzer stunt
einen wol getânen vunt,
einen schoenen mergriezen.

(Als er zu kratzen begann, da machte er in kurzer Zeit einen wunderbaren Fund: eine schöne Perle.)[131]

Diese Perle, ein Bild für Weisheit, lässt der Hahn jedoch achtlos fallen, da er nur auf der Suche nach Essbarem ist und keinen Sinn hat für den Wert seines Fundes – gewissermaßen Perlen vor die Hähne geworfen!

miselsuht (Substantiv, feminin)

Aussatz, Lepra

Wenn in der mittelalterlichen Literatur Krankheiten beschrieben werden, taucht häufig die *miselsuht* auf. Ihr erster Teil geht auf das lateinische Adjektiv *miser* (krank, unglücklich) bzw. *misellus* (ziemlich krank) zurück. Der zweite Teil *suht* war damals eher eine generelle Bezeichnung von Krankheit und hatte nicht unsere heutige Bedeutung von Abhängigkeit und Sucht. Gehalten hat sich *suht* als ‚Krankheit' nur in bestimmten Begriffen wie zum Beispiel ‚Gelbsucht'.

Auch wenn sich *miselsuht* auf unterschiedliche Krankheiten beziehen konnte, war doch meist die Lepra gemeint, die bereits im Frühmittelalter verbreitet war, vor allem aber im Hochmittelalter europaweit für Angst und Schrecken sorgte. Dass man bereits ein Bewusstsein für die Ansteckungswege hatte, belegen nicht nur die zahlreichen Leprosorien, in denen man die Kranken unterbrachte, sondern auch das mittelhochdeutsche *ûzsetzicheit*, das diese Absonderung beschreibt (wörtlich ‚nach außen gesetzt werden') und auf das unser heutiges Wort ‚Aussatz' zurückgeht.

Ein prominentes Beispiel für die literarische Verarbeitung des Themas ist die Erzählung „Der arme Heinrich" von Hartmann von Aue. Darin wird der Protagonist als adliger Herrscher beschrieben, dessen Höhenflug jäh endet, als ihn die *miselsuht* ergreift:

er viel von sîme gebote
abe sîner besten werdikeit
in ein versmæhelîchez leit:
in ergreif diu miselsuht.
dô man die swære gotes zuht
gesach an sînem lîbe,
man unde wîbe
wart er dô widerzæme.

(Er fiel auf Gottes Geheiß aus seinem höchsten Glück in ein schmachvolles Leid: Ihn befiel der Aussatz. Als man die harte Hand Gottes an seinem Körper sah, allen Menschen wurde er da unangenehm.)[132]

In der Hoffnung auf Heilung reist Heinrich nach Salerno, damals ein wichtiges medizinisches Zentrum, um dort zu erfahren, dass er nur durch das Blut eines Mädchens geheilt werden könne, das sich freiwillig für ihn opfere. Diese zweifelhafte Heilmethode ablehnend, zieht sich Heinrich von der höfischen Gesellschaft zurück und lebt auf einem Bauernhof. Hier freundet er sich mit der Tochter der Bauersleute an, die sich schließlich sogar für ihn opfern will. Doch als das Mädchen in Salerno aufgeschnitten werden soll, bekommt Heinrich Mitleid, verzichtet auf das Opfer und akzeptiert seine *miselsuht*. Dies wiederum führt zu seiner Heilung, denn nun ist es Gott, der Heinrich aufgrund seines Sinneswandels heilt.

Im Deutschen wird das Wort *miselsuht* nicht mehr verwendet. Im Englischen findet sich allerdings noch ein Wort, das ebenfalls auf das lateinische *misellus* zurückgeht: ‚measles' heißen dort die Masern, also ebenfalls eine Infektionskrankheit, die sich auf der Haut zeigt. Unser Wort

‚Masern' existiert hingegen erst seit dem 16. Jahrhundert und geht auf das mittelniederdeutsche Wort *masel* für ‚Hautfleck' zurück.

Die Erde als Ball oder Scheibe?

sinwel (Adjektiv)

rund, kugelförmig

Es wurde bereits darauf hingewiesen, dass im Mittelalter die Kugelgestalt der Erde bekannt war (siehe *mergarte*, Seite 154). Dass wir aber nicht genau wissen, welche sonstigen Vorstellungen damals existierten, liegt auch an dem heute vergessenen Adjektiv *sinwel*. Es taucht in ganz unterschiedlichen Kontexten auf, zum Beispiel in Romanen über Alexander den Großen, der vor allem für seinen Hochmut und seine Überheblichkeit bekannt war. Berühmt ist eine Szene, in der ihm sein Gegner Darius einen Ball schenkt – und zwar einen Ball, der *sinwel* ist: *einen guldînen bal / scône unde sinewal* (einen schönen, runden goldenen Ball).[133] Die hintersinnige politische Botschaft des Geschenks lautet, der junge Alexander solle lieber mit einem Ball spielen als Länder zu erobern. Doch der antike Herrscher interpretiert das Geschenk anders und deutet den Ball kurzerhand um in die ganze Welt, die er sich untertan machen will.

In dieser Geschichte ist die Idee einer kugel- bzw. ballförmigen Welt deutlich erkennbar. Doch nicht alle Dinge, die als *sinwel* bezeichnet werden, sind auch kugelig: So nennt Wolfram von Eschenbach in seinem „Parzival"-Roman etwa die Tafelrunde der Artusritter *sinwel*.[134] Hier bezeichnet das Wort anscheinend etwas Rundes, Scheibenförmiges. Welche Bedeutung ist nun aber zutreffend, wenn es in einem mittelalterlichen Text heißt, dass die Erde *sinwel* ist?

Die Wortherkunft hilft leider nur bedingt weiter: Das spätestens im 17. Jahrhundert verschwundene Adjektiv besteht aus zwei Teilen: *sin* bedeutet ‚riesig', ‚immerfort' oder ‚immerwährend'. Wir kennen es heute noch als Teil des Wortes ‚Sintflut', botanisch Interessierte denken vielleicht auch an die Pflanze ‚Kleines Immergrün', die auch ‚Kleines Singrün' genannt wird. Der zweite Wortteil *wel* steckt noch in unseren heutigen Substantiven ‚Welle' oder ‚Walze' und bedeutet soviel wie ‚drehen' oder ‚rollen', also eine kreisförmige, runde Bewegung. Verbindet man die beiden Teile, wäre die Bedeutung demnach ‚das gänzlich Runde'.

Gänzlich rund ist aber sowohl eine Kugel als auch eine Scheibe – wie hat man sich nun die Erde vorgestellt? Schaut man an, mit welchen als *sinwel* bezeichneten Objekten die Erde in mittelalterlichen Texten außer Bällen sonst noch verglichen wird, stößt man etwa auf Eier oder Äpfel. Die sind zwar nicht ganz so kugelförmig wie die Erde, aber definitiv keine Scheiben!

turse, auch türse

(Substantiv, maskulin)
Riese

In den germanischen Sprachen findet sich vielfach ein ähnliches Wort für ein riesenhaftes Wesen: *þurs* im Altnordischen oder *þyrs* im Altenglischen. Das Mittelhochdeutsche kennt es als *turse* oder *türse*, doch steht es hier in Konkurrenz zum deutlich populäreren *rise* (Riese), von dem es bald komplett verdrängt wird. Dennoch wird *turse/türse* hin und wieder in der deutschen Literatur des Mittelalters verwendet. In einer Art Lehrdichtung erzählt Konrad von Würzburg von zwölf Räubern, die einzeln von einem Riesen gefressen werden, den sie gemeinsam hätten besiegen können. Der Dichter plädiert damit für den Zusammenhalt einer schwächeren, aber zahlenmäßig überlegenen Gruppe angesichts eines mächtigen Gegners – ein immer noch aktuelles Anliegen, das heute meist im Bild der kleinen Fische ausgedrückt wird, die als Schwarm einen großen Fisch vertreiben können.

Zwelf schâcher zeines türsen hûs in einem walde kâmen: / der fraz er einlif sunder wer, die schiere ein ende nâmen. / sît begunde er râmen / daz se alle würden gar verzert. / Dô werte sich der zwelfte und wolte alsam ein helt gebâren. / dô sprach der türse „du enmaht nu keiner wer gevâren: / dô dîn zwelve wâren, / dô soltest du dich hân gewert!“

(Zwölf Räuber kamen in einem Wald zum Haus eines Riesen, da fraß der Riese elf von ihnen ohne Gegenwehr, diese starben sofort. Dann überlegte der Riese sich, dass er sie gerne alle verzehren wollte. Da wehrte sich der zwölfte und wollte sich wie ein Held aufführen. Darauf sprach der Riese: „Du kannst dich jetzt keinesfalls wehren. Als ihr noch zwölf wart, da hättest du dich wehren sollen!")[135]

Im Deutschen wie im Englischen verschwindet das Wort in der Frühen Neuzeit. Im Altenglischen wird übrigens nicht nur *þyrs* von ‚giant' abgelöst, sondern auch das altenglische *ent*, das ebenfalls ein riesiges Wesen bezeichnete. Letzteres wurde allerdings im 20. Jahrhundert durch J.R.R. Tolkiens Trilogie „The Lord of the Rings" wieder populär: darin sind ‚Ents' große, sprechende Bäume. Im heutigen Deutsch ist *turse/türse* kaum noch zu entdecken. Nur bei einzelnen Namen wird überlegt, ob sie damit in Zusammenhang stehen könnten. So gibt es im Märchen von der „Goldmarie und der Pechmarie" einen wilden „Thürschemann", dessen Name auf *türse* zurückgehen könnte.

Die Bezeichnung ‚Hüne' (mittelhochdeutsch *hiune*) für einen Riesen, die uns heute sehr altertümlich vorkommt, ist übrigens sprachhistorisch gesehen eher jung. Sie bezeichnete ursprünglich Menschen aus dem Osten (vgl. neuhochdeutsch ‚Hunne') und wird in mittelalterlichen Texten auch meist so verwendet. Die Bedeutung des Riesenhaften setzte sich erst ab dem 17. Jahrhundert im deutschen Sprachraum durch.

ünde, auch unde

(Substantiv, feminin)
Welle, Flut, Woge

Das häufig verwendete mittelhochdeutsche Wort *ünde* oder *unde* steht für ‚Gewässer', aber auch für ‚Welle' oder ‚Strömung', ähnlich wie das lateinische Substantiv *unda*, auf das es zurückgeht. Als etwa der Schatz der Nibelungen an den Rhein gebracht wird, heißt es im „Nibelungenlied": *den fuort man ûf den unden unz ze berge an den Rîn* (Den brachte man auf dem Gewässer bis zu den Bergen am Rhein (gemeint ist Worms)).[136]

Häufig findet sich *unde* in Erzählungen, die von der Seefahrt handeln, um das gefährlich tobende Meer zu beschreiben. In Gottfrieds von Straßburg „Tristan" etwa berichtet der Protagonist von der wilden Überfahrt zur irischen Insel:

sus bin ich eine sider geswebet
mit marter und mit maneger clage
wol vierzic naht und vierzic tage,
swar mich die winde sluogen,
die wilden ünde truogen
wîlent her und wîlent hin.

(Seitdem bin ich umhergetrieben unter Qualen
und vielen Klagen etwa vierzig Tage und Nächte,
wohin auch immer die Winde mich verschlugen
und die wilden Wellen warfen hin und her.)[137]

Heute findet sich das Wort – wenig überraschend bei seinem lateinischen Hintergrund –

noch in den romanischen Sprachen. So heißt im Französischen die Welle ‚onde', im Spanischen ‚onda'. Und unser neuhochdeutsches Wort ‚Welle'? Auch das hat als mittelhochdeutsches *welle* schon im Mittelalter existiert, war dort aber wesentlich unbeliebter als *ünde* und wurde eher zur Bezeichnung von zusammengerollten Stroh- oder Tuchballen benutzt. Hin und wieder finden sich aber auch beide parallel, wie im Gralsroman „Jüngerer Titurel", der ebenfalls eine gefährliche Seereise schildert: *secht, wie die sturm welle sich mit den unden tobelich ie vlahten* (Seht, wie sich ständig die Sturmwellen mit den tobenden Wogen verflochten).[138]

Der Name des SV Werder Bremen

wert (Substantiv, maskulin)

Insel

Das mittelhochdeutsche Substantiv *wert* ist eines jener Wörter, die wir zwar nicht mehr nutzen, aber häufig noch verstehen, weil sie in unserer Kultur zum Beispiel noch als Namensbestandteile verankert sind. Wer etwa von Köln aus auf dem Rhein nach Süden fährt, der trifft auf die Inseln Nonnenwerth und Grafenwerth, und wer nach Norden fährt, trifft auf den Düsseldorfer Stadtteil Kaiserswerth, der im Mittelalter noch eine Insel war. Wohl noch bekannter – zumindest für norddeutsche Fußballfans – ist der SV Werder Bremen, dessen Namensbestandteil ‚Werder' auf eine Halbinsel in der Weser zurückgeht.

Während wir also das mittelhochdeutsche Substantiv *wert* in seiner neuhochdeutschen Form ‚Werder' als Bezeichnung einer Flussinsel kennen (Inseln in Seen enden hingegen häufig auf -au: Lindau, Reichenau usw.), so wurde es im Mittelalter generell für jede Art von Insel gebraucht. Zwar gab es auch schon das Wort *insel*, das sich aus dem lateinischen *insula* ableitet, dies gewann aber erst in der Frühen Neuzeit die Oberhand. Im Mittelhochdeutschen gab es zudem das Wort *einlant*, im Sinne eines ‚alleinliegenden Landes', das heute noch als (etwas antiquiert klingendes) ‚Eiland' bekannt ist.

Der Gebrauch des Wortes *wert* lässt sich gut am „Nibelungenlied" illustrieren. Hier fährt Siegfried zunächst allein zu den Nibelungen, die wohl auf einer Flussinsel zu verorten sind: *Der helt, der fuor aleine ûf einen wert vil breit* (Der Held gelangte allein auf eine sehr breite Flussinsel).[139] Etliche dramatische Verwicklungen später verfolgen die Burgunden, speziell Hagen, den Plan, Siegfried zu ermorden. Dazu wird eine Jagd auf einem *wert* in der Nähe des Rheins veranstaltet – hier scheint es sich aber eher um eine Halbinsel zu handeln, die dann auch der Schauplatz des grausamen Mordes ist:

Dô was gestrûchet Hagene vor sîner hant ze tal.
von des slages krefte der wert vil lût erhal.
het er daz swert enhande, sô wærez Hagenen tôt,
sô sêre zurnt der wunde. des gie im wærlichen nôt.

(Hagen war durch Siegfrieds Hand zu Boden gestürzt. Von der Wucht dieses Schlages erdröhnte die gesamte Halbinsel laut. Hätte Siegfried das Schwert griffbereit gehabt, wäre es Hagens

Tod gewesen, so groß war der Zorn des Verwundeten. Dazu hatte er wahrhaftig allen Grund.)[140]

Von Obszönitäten und Tierschwänzen

zagel (Substantiv, maskulin)

Schwanz oder Schweif eines Tieres, das Ende von etwas, Penis

In den skandinavischen Sprachen findet sich fast dasselbe Wort zur Bezeichnung eines Tierschwanzes: ‚tagel' (Schwedisch), ‚tagl' (Norwegisch, Isländisch), ‚tavl' (Dänisch). Dass sich das englische ‚tail' in diese Reihe einfügen lässt, kann man noch gut verstehen, aber wie sieht es mit dem Deutschen aus? Hier müssen wir bis ins Mittelalter zurückgehen, um ein entsprechendes Äquivalent zu finden: *zagel.* Dass sich das mittelhochdeutsche Wort *zagel* mit einem ‚z' schreibt, ist durch die Zweite Lautverschiebung zu erklären, die im Hochdeutschen unter anderem dazu führte, dass Worte, die in anderen germanischen Sprachen mit ‚t' beginnen, im Hochdeutschen mit einem ‚z' anfangen, so wie etwa auch englisch ‚ten' und deutsch ‚zehn'.

Wie aber hat man nun das Wort *zagel* im Mittelalter gebraucht? Es findet sich häufig als Bezeichnung des Schweifes oder Schwanzes zahlreicher Tiere, ob Hunde, Hirsche oder Löwen – ja selbst der Schwanz eines Drachen wird als *zagel* beschrieben, wie im Artusroman „Wigalois", in dem sich ein riesiger Drache dem Protagonisten nähert:

dâ hôrte er mangen grôzen val
von den starken esten;
die boume begunden bresten
dâ der wurm hin sleif;
swaz er mit dem zagel begreif,
daz brach er allez nâch im nider;

(Da hörte er den Lärm von vielen herabstürzenden Ästen; die Bäume zerbarsten, wo der Drache entlangglitt. Was immer er mit seinem Schwanz traf, fiel hinter ihm zusammen.)[141]

Im übertragenen Sinn kann der *zagel* aber auch das Ende bzw. das Letzte bedeuten. So preist etwa Hartmann von Aue in seiner Erzählung „Gregorius" die Kampfkraft seines Protagonisten: *er was der vîende hagel, / an jagen ein houbet, an vluht ein zagel* (Den Feinden war er ein Hagelwetter, im Angriff der erste, im Fliehen der letzte).[142] Ab dem Hochmittelalter wird der *zagel* dann langsam vom mittelhochdeutschen *swanz* verdrängt. Dieses beschreibt eigentlich die Schleppe eines Frauenkleides oder auch tanzartige Bewegungen, so gibt es etwa das Verb *swanzen* als Bezeichnung für ein schwenkendes Hin- und Herbewegen. Es wird vermutet, dass *zagel* – da es im Spätmittelalter gehäuft in der Bedeutung ‚Penis' auftritt – für die literarische Sprache als Bezeichnung eines Tierschwanzes nicht mehr geeignet schien und daher ersetzt werden musste. Dass das Wort ‚Schwanz' inzwischen auch als vulgärsprachliche Bezeichnung für den Penis verwendet wird, zeigt, dass derartige Austauschprozesse nur von kurzem Erfolg gekrönt sind.

So finden sich im Spätmittelalter dann auch Texte, die in obszöner Komik vom *zagel* als ‚Penis' erzählen. Ein Beispiel hierfür ist das „Nonnenturnier", das von einem Ritter handelt, der sich selbst entmannt und seinen abgeschnittenen Penis in einem Nonnenkloster versteckt. Der Penis erweist sich jedoch als hochlebendig und wandert im Kloster umher, wo er von den Nonnen entdeckt wird. Diese streiten sich schon bald darum, wer den *zagel* besitzen darf, und tragen sogar ein ganzes Turnier um ihn aus. Erst als der *zagel* heimlich gestohlen wird, endet der Kampf der Nonnen:

Der zagel wart undergeslagen
und dieplich auß dem turnei getragen,
und were des selben nicht geschehen (...)
in dem geistlichen orden,
der turnei were zu einem streit worden.
da der zagel was verlorn,
den nunnen wart allen zorn.

(Der Penis wurde versteckt und heimlich aus dem Turnier gebracht, und wenn das nicht geschehen wäre in dieser geistlichen Gemeinschaft (...), dann wäre aus diesem Turnier glatt noch ein Streit geworden. Als nun der Penis verlorengegangen war, da waren die Nonnen alle wütend.)[143]

Heute ist der *zagel* aus dem Sprachgebrauch verschwunden – es gibt aber plausible Überlegungen, dass er sich in einem prominenten Namen gehalten hat, nämlich in dem des Berggeists Rübezahl. Die im Riesengebirge verortete Märchenfigur ist demnach nicht nach dem Zählen von Rüben benannt, sondern eigentlich ein ‚Rübenschwanz', denn schon im Mittelhochdeutschen findet sich vereinzelt der Begriff *ruobezagel* als Spottname.

zein (Substantiv, maskulin)
Zweig, Rohr, Stab

Wenn wir heute einzelne Teile eines Baums bezeichnen, benutzen wir meist das Wort ‚Ast' für einen etwas größeren und das Wort ‚Zweig' für einen kleineren Abschnitt. Genauere Angaben über die Form des Baumstücks geben diese Wörter heute nicht mehr – das war nicht immer so: Im Wort ‚Zweig' steckt das Zahlwort ‚zwei', es meint also ursprünglich einen sich abspaltenden Seitentrieb bzw. eine Astgabel. Um hingegen einen ganz geraden Ast zu bezeichnen, hat die deutsche Sprache des Mittelalters noch ein eigenes Wort aufzuweisen: den *zein*. In anderen germanischen Sprachen lässt es sich ebenfalls finden, beginnt dann allerdings mit ‚t', wie auch die anderen hier unter ‚z' aufgeführten Wörter, zum Beispiel als *teinn* im Altnordischen oder als Bestandteil des heutigen englischen Wortes ‚mistletoe' (Mistel, eigentlich Mistelzweig).

Der mittelhochdeutsche *zein* bezeichnet einen besonders makellosen Ast – es verwundert daher nicht, dass er in der Literatur häufig zu Vergleichen mit besonders kostbaren Dingen herangezogen wird. Ein bekanntes Beispiel ist das sogenannte „Palästinalied" Walthers von der Vogelweide, das die Stationen Jesu Christi im Heiligen Land aus der Perspektive eines Pilgers schildert. Darin heißt es:

Hinnen fuor der sun ze helle
von dem grabe, da er inne lac.
dêst der vater ie geselle,

und der geist, den nieman mac
sunder scheiden: ez sî ein,
sleht und ebener danne ein zein,
als er Abrahâme erschein.

(Von hier fuhr der Sohn zur Hölle aus dem
Grab, in dem er lag. Mit ihm vereint waren immer
der Vater und der Heilige Geist, untrennbar:
Alle drei sind eins, gerader und glatter als ein Stab,
wie die Dreieinigkeit Abraham erschien.)[144]

Es geht aber auch deutlich profaner: Im „Tristan"-Roman Gottfrieds von Straßburg sind die Beine des Protagonisten besonders gerade und makellos:

hin neben des orses büegen
dâ swebeten sîniu schoeniu bein
strac unde sleht alsam ein zein.

(Auf beiden Seiten des Pferdes streckten sich seine
schönen Beine gerade und gleichmäßig wie Gerten.)[145]

Interessanterweise wird *zein* aber nicht nur für ein Holzstück, sondern auch für Gegenstände aus Metall verwendet. Meist sind dies kleine Spangen oder Metallstangen, so wie in einer Strophe des „Nibelungenlieds", in der Siegfrieds prachtvolle Jagdausstattung beschrieben wird:

Von einer ludemes hûte was allez sîn gewant.
von houbet unz an daz ende gestreut man dar ûffe vant.
ûz der liehten riuhe vil manic goldes zein
ze beiden sînen sîten dem küenem jegermeister schein.

(Sein ganzes Gewand war aus einem seltsamen Fell gefertigt und von Kopf bis Fuß mit verschiedenfarbigem Pelzwerk besetzt. Aus den glänzenden Fellen leuchteten viele kleine goldene Spangen zu beiden Seiten des mutigen Jägermeisters hervor.)[146]

Im Bereich der Metallverarbeitung ist das mittelhochdeutsche Wort *zein* dann auch heute noch als Fachbegriff zu entdecken: Der ‚Zain' bezeichnet einen Metallrohling, der zur Herstellung anderer Metallprodukte, meist Münzen, verwendet wird. Als Wort für einen geraden Zweig ist der *zein* aber schon lange aus der deutschen Sprache verschwunden.

Liebe und andere Gefühle

Dass literarische Texte sich oft sehr für die Emotionen ihrer Figuren interessieren, gilt für die Moderne genauso wie für die Vormoderne. In mittelalterlichen Texten sind Gefühle aber in Wörtern beschrieben, die wir heute vielfach nicht mehr oder nur noch in versteckter Form kennen. Nur einige wenige – wie *minne* – verstehen wir noch gut. Sie alle hatten jedoch für die Kultur des Mittelalters einen besonderen Stellenwert, insbesondere für den Bereich der Lyrik, den wir Minnesang nennen. Doch schildern die Texte nicht nur Liebe – Schmerz und Furcht sind in der mittelhochdeutschen Literatur genauso zentral, wie sie dies für uns heute sind.

ande (Substantiv, maskulin)
Unrecht, Schmerz, Eifer

Wenn wir im heutigen Deutsch das Verb ‚ahnden' hören, dann verstehen wir dies meist als ein etwas veraltetes Wort für ‚strafen' oder ‚rächen'. In Texten des Mittelalters findet sich aber nicht nur das Verb *anden*, das erst seit dem 17./18. Jahrhundert mit ‚h' geschrieben wird, sondern auch das Substantiv *ande* und ein gleichnamiges Adjektiv bzw. Adverb. Während letzteres meist im Sinne von ‚schmerzhaft' oder ‚besorgt' verwendet wird, hat das Substantiv einen recht breiten Bedeutungsspielraum, der von ‚Unrecht' über ‚Schmerz' bis hin zu ‚Eifer' oder sogar ‚Sehnsucht' reicht. Das Wort verweist daher nicht nur auf den strafrechtlichen Kontext, der noch im heutigen ‚ahnden' steckt, sondern bezieht sich auch auf Empfindungen und Gefühle – kein Wunder, ist *ande* doch mit dem lateinischen *animus* (Geist, Seele) verwandt.

Das Wort kommt in der Literatur dann vor, wenn von besonders traurigen oder schmerzerfüllten Dingen die Rede ist. Die Königstochter Kudrun etwa, die im gleichnamigen Heldenepos entführt und gezwungen wird, am Strand Wäsche zu waschen, hat unter der Kälte zu leiden: *dô was ein snê gevallen; daz was den armen leit und vil ande* (Da war Schnee gefallen, dies bereitete den Armen Leid und großen Schmerz).[147] Poetischer geht es im Roman von Tristan und Isolde zu: Hier ist Isolde – die als Tristans ‚Leben' und zugleich als sein ‚Tod', also als ‚lebender Tod' bezeichnet wird – aufgrund der Trennung von Tristan überaus tief getroffen:

Tristandes leben und sîn tôt,
sîn lebender tôt, diu blunde Îsôt,
der was wê und ande.

(Tristans Leben und sein Tod, sein lebender Tod,
die blonde Isolde, war traurig und schmerzerfüllt.)[148]

Schon im Hochmittelalter wird *ande* langsam seltener. Das Wort hält sich zwar in einigen festen Verbindungen bis ins 16., teilweise sogar bis ins 17. Jahrhundert, verschwindet dann aber aus der deutschen Sprache. Gehalten hat sich nur das Verb ‚ahnden', das aber die Bedeutungsebene von ‚Geist' oder ‚Gefühl' nicht mehr beinhaltet. Fündig wird man hingegen in anderen germanischen Sprachen. Das altenglische *anda* oder das altnordische *andi*, die dem mittelhochdeutschen Substantiv *ande* entsprechen, haben sich zumindest im Skandinavischen sogar bis heute gehalten: Den ‚Geist' des Menschen bezeichnet man im Dänischen noch als ‚ånd', im Schwedischen als ‚ande'.

Wie die Nachtigall zu ihrem Namen kam

gelf, auch gelpf (Substantiv, maskulin)

Geschrei,
fröhliches Rufen, Brüllen

Wir nutzen nur noch vereinzelt Wörter mit der Silbe ‚gel(l)' oder ‚gal(l)', die etwas mit lautem Rufen oder Singen zu tun haben. So kommt zum Beispiel das Verb ‚gellen', vergleichbar dem Englischen ‚yell', in Wendungen wie ‚gellender Schrei' vor. Und in ‚Nachtigall' geht die Endsilbe auf ein Wort für ‚rufen' oder ‚singen' zurück – der Name bezeichnet also einen Vogel, der nachts singt – doch ist uns das kaum bewusst. In früheren Sprachstufen gab es jedoch eine ganze Bandbreite unterschiedlicher, aber miteinander verwandter Wörter, die alle mit ‚gel' oder ‚gal' beginnen und verschiedene Formen von Lautäußerungen bezeichneten.

So war zum Beispiel mit dem Substantiv *gelf* oder *gelpf* fröhliches Lärmen oder Schreien gemeint. In der „Kaiserchronik" lässt sich nachlesen, wie die Römer nach dem Tempelbesuch fröhlich feiern:

swenne Rômære
dar inne gebetten
alsô si wolten,
si îlten ûz an daz velt,
vil michel wart ir gelpf,
von bûhurt und von springen,
von tanzen und von singen.

(Wann immer die Römer darin (= im Tempel des Saturnus) gebetet hatten, wie es ihnen angemessen schien, eilten sie hinaus auf das Feld. Groß war ihr Lärmen vom Reiterkampf und vom Springen, vom Tanzen und vom Singen.)[149]

Der *gelpf* ist hier also ein vergnügtes Rufen, das mit Spiel und Gesang in Verbindung steht – eine ähnliche Bandbreite zwischen ‚rufen', ‚fröhlich sein' und ‚singen' beinhaltet auch das entsprechende Verb *gelfen* oder *gelpfen*. Mit dem Substantiv *galm*, teils auch *gelm* geschrieben, werden hingegen Tier- oder Naturgeräusche bezeichnet. So greift der „Parzival“ des Wolfram von Eschenbach den in der Vormoderne weit verbreiteten Glauben auf, Löwinnen würden ihre Jungen tot gebären und diese würden erst durch das Brüllen des Löwen zum Leben erweckt: *den lewen sîn muoter tôt gebirt: / von sîns vater galme er lebendec wirt* (Der Löwe wird bekanntlich von seiner Mutter tot geboren, und erst das Brüllen seines Vaters macht ihn dann lebendig).[150]

Das schon im Mittelhochdeutschen seltene Wort *galster* weist hingegen auf die Verbindung von Gesang und Magie hin. Übersetzen lässt es sich am ehesten mit ‚Zaubergesang‘, etwa im Artusroman „Lanzelet“, als sich die Artusritter über den Zauberer Malduc unterhalten, über den Ritter Erec Folgendes berichten kann:

ouch hât in der herre mîn,
der künic Artûs, vertriben
von eim lande, dâ er was beliben
mit sîm galster manigen tac.

(Auch hatte ihn mein Herr, der König Artus, aus einem Land vertrieben, wo er mit seinem Zaubergesang viele Tage verbracht hatte.)[151]

Heute ist von dieser einst weit verbreiteten Wortfamilie nicht mehr viel übrig. Neben ‚gellen‘ und ‚Nachtigall‘ finden sich nur noch regional Spuren: Das Plattdeutsche kennt etwa das Verb ‚galpen‘ für ein lautes oder schrilles Heulen.

minne (Substantiv, feminin)

Liebe, Zuneigung, freundliches Gedenken

Die *minne* dürfte wohl eines der bekanntesten verschwundenen Wörter des Mittelalters sein. Es wird häufig mit unserem Wort ‚Liebe' gleichgesetzt – was zwar nicht ganz falsch ist, aber doch nur eine von vielen Bedeutungsebenen dieses facettenreichen Wortes darstellt.

Für die höfische Kultur war die *minne* ein zentraler Begriff. Sie meinte nicht nur die Liebe in unserem Sinne, sondern auch das sehnsuchtsvolle Denken an jemanden oder sogar den Dienst, den ein Ritter für eine Dame tut. Die Bedeutung reicht von Andenken, Erinnerung und Freundschaft über emotionale und geschlechtliche Liebe bis hin zu religiöser Verehrung. Je nach Kontext muss daher bei der Übersetzung darauf geachtet werden, was *minne* jeweils genau meint.

Es gibt verschiedene Überlegungen zur Herkunft des Wortes. So scheint die *minne* mit Begriffen aus anderen germanischen Sprachen verwandt zu sein, die sich auf das Gedenken oder das Gedächtnis beziehen, wie das Substantiv ‚mind' im Englischen oder ‚minni', das isländische Wort für Gedächtnis. Möglich wäre auch eine Verbindung zu unseren Verben ‚mahnen' oder ‚meinen', denn letzteres beschreibt ja ebenfalls Gedankenvorgänge.

Fest steht, dass sich schon in althochdeutschen Texten das Wort *minna* findet, hier meist in der Bedeutung von ‚Hilfe', ‚Fürsorge' oder ‚religiöser Liebe'. Die mittelhochdeutsche *minne* wird dann enorm beliebt und findet sich nicht nur in Romanen, sondern vor allem in der Lyrik. Bekanntlich fasst man die mittelhochdeutsche Liebeslyrik unter dem Oberbegriff Minnesang zusammen.

Es ist sehr zu empfehlen, einige dieser Gedichte zu lesen, die inhaltlich wie formal auf sehr hohem Niveau von der *minne* erzählen. Liederdichter wie Heinrich von Morungen, Walther von der Vogelweide oder Konrad von Würzburg gelten zu Recht als Klassiker, deren Texte denen moderner Dichter in nichts nachstehen. Ein Blick in die Originaltexte ist überaus lohnend, wie ein einstrophiges Lied Konrads von Würzburg beweist. Es ist nicht nur eine lyrische Beschreibung der *minne*, sondern verfügt auch über eine besondere Reimtechnik: Alle Silben eines Verses reimen sich exakt mit den entsprechenden Silben des übernächsten Verses (*Swâ* – *dâ*; *tac* – *mac*; *erschînen* – *verswînen* usw.):

Swâ tac erschînen sol zwein liuten,
die verborgen inne liebe stunde müezen tragen,
dâ mac verswînen wol ein triuten.
nie der morgen minnediebe kunde büezen clagen.
er lêret ougen weinen trîben;
sinnen wil er wünne selten borgen.
swer mêret tougen reinen wîben
minnen spil, der künne schelten morgen.

(Wo der Tag für zwei Menschen hell zu werden beginnt, die heimlich drinnen eine Freudenzeit haben dürfen, da wird die Umarmung gewiss verschwinden. Nie konnte der Morgen dem Liebesdieb das Leid heilen. Er lehrt die Augen weinen; den Sinnen will er niemals Freude anvertrauen. Wer heimlich makellosen Frauen das Liebesspiel steigert, der wird den Morgen beschimpfen können.)[152]

Interessanterweise taucht in diesem Text neben der *minne* auch das Wort *liebe* auf, und zwar als Adjektiv im zweiten Vers: *liebe stunde* im Sinne einer schönen, freudigen Zeit. Diese Verwendung ist recht typisch für den mittelhochdeutschen Gebrauch des Wortes *liebe*, das ursprünglich so viel wie ‚angenehm' oder ‚erfreulich' heißt – so wie wir heute noch manchmal „es wäre mir lieb, wenn ..." sagen. Ab dem 15. Jahrhundert beginnt die ‚Liebe' als Substantiv die *minne* zu verdrängen und übernimmt deren Funktion als Bezeichnung einer emotionalen Verbindung. Erst im Zuge der Mittelalterbegeisterung der Romantik kommt die Minne wieder zum Vorschein und ist seither als historische Bezeichnung für Liebe und Zuneigung präsent.

Von geruhen bis ruchlos

ruoch, auch ruoche

(Substantiv, maskulin/feminin)
Sorge, Wunsch, Bedacht

Dieses mittelhochdeutsche Substantiv, das sowohl mit maskulinem *(der ruoch)* als auch mit femininem Geschlecht *(diu ruoche)* vorkommen kann, hat eine lange und verzweigte Geschichte und ist sogar noch im heutigen Deutsch versteckt – wenn auch nicht mehr als Substantiv.

In seiner ursprünglichen Bedeutung drückt *ruoche* einen Wunsch oder auch eine Sorge aus. So empfiehlt Gottfried von Straßburg etwa zu Beginn seines „Tristan“-Romans:

durch daz ist guot, swer herzeclage
und senede nôt ze herzen trage,
daz er mit allem ruoche
dem lîbe unmuoze suoche.

(Darum ist es gut, wenn jeder, der Liebesqual und Sehnsuchtsweh im Herzen fühlt, mit Bedacht für sich nach Ablenkung sucht.)[153]

Noch viel häufiger wird *ruoche* aber im Mittelhochdeutschen als Verb *(ruochen)* gebraucht, im Sinne von ‚an etwas denken‘ oder ‚sich um etwas kümmern‘. Ähnlich beliebt ist die durch eine Vorsilbe verstärkte Form *geruochen* (wünschen, gewähren). Als etwa der Artusritter Iwein auf einer Lichtung einen fürchterlich verwilderten Waldmenschen trifft, wundert er sich, *daz got sô ungehiure / deheine crêatiure / geschepfen ie geruochte* (dass es Gott jemals bedacht hatte, eine so unheimliche Kreatur zu erschaffen).[154]

Auf dieses Verb geht dann auch unser heutiges, jedoch kaum noch geläufiges ‚geruhen‘ zurück, das nichts mit dem Wort ‚Ruhe‘ zu tun hat, auch wenn es so aussieht. Allerdings hat sich dessen Bedeutung im Neuhochdeutschen geändert: Wir benutzen ‚geruhen‘ heute weitgehend negativ bis ironisch, zum Beispiel in der Frage: „Wann geruhst du endlich, deine Aufgaben zu machen?“ Diese Bedeutung ist dem Mittelhochdeutschen noch fremd.

Einen ganz ähnlichen abwertenden Bedeutungswandel erlebte die Adjektivform des Wortes: Unser ‚ruchlos' geht auf *ruoche* zurück, meint aber nicht mehr ‚sorglos', sondern ‚gewissenlos' oder ‚gemein', ähnlich wie in ‚verrucht'. Die ursprüngliche Bedeutung ‚sorglos' hat sich eher noch im damit verwandten englischen Adjektiv ‚reckless' gehalten.

Glück ist kein Zufall

sælde (Substantiv, feminin)

Glück, Glückseligkeit; Heil, Segen, Seligkeit

Dass Glück etwas Launisches ist, das uns auch im Stich lassen kann, wissen wir alle. Sprachhistorisch gesehen ist das Wort ‚Glück' (mittelhochdeutsch *gelücke*) aber noch nicht sehr alt. Es findet sich erst seit dem Hochmittelalter und meinte zunächst ‚Zufall' oder ‚Schicksal', also etwas, das sich als gut oder schlecht erweisen kann. Wie aber hat man dann ein wahrhaft glücklich verlaufendes Geschehen genannt, bevor *gelücke* seine heutige Bedeutung annahm? In der Literatur findet sich die mittelhochdeutsche *sælde* als Bezeichnung reiner Glückseligkeit, die auch eine religiöse Dimension hat. Wir kennen heute noch den Begriff der ‚Seligkeit' und das Adjektiv ‚selig', die mit dem Substantiv *sælde* bzw. dem Adjektiv *sælic* eng verwandt sind.

Doch tritt *sælde* nicht nur in religiösen Texten auf, sondern ist auch in höfischen Romanen häufig das Ziel, nach dem die Protagonisten streben.

So beginnt der „Iwein" Hartmanns von Aue mit der Sentenz: *Swer an rehte guete / wendet sîn gemuete, / dem volget sælde und êre* (Wer nach wahrer Vollkommenheit aus ganzem Herzen strebt, der erwirbt sich ein gesegnetes Leben und weltliches Ansehen).[155] Das Erlangen von Ansehen *(êre)* und Glückseligkeit *(sælde)* ist also abhängig von der richtigen Geisteshaltung und dem richtigen Handeln des Einzelnen.

Die Vorstellung von Glück hat sich demnach seit dem Mittelalter verschoben: Während wir Glück heute in der Regel als etwas ansehen, das uns zufällig widerfährt, wie etwa ein Lottogewinn oder schönes Wetter im Urlaub, ist die *sælde* Resultat eigenen Bemühens und daher eher als Belohnung zu verstehen. Das mittelalterliche Verständnis hängt eng mit den christlichen Glaubensvorstellungen zusammen, wonach Gott belohnt oder straft, je nachdem, welches Verhalten wir zeigen. Doch auch die antike Vorstellung einer bestimmenden Fortuna findet sich in diesem Wort wieder: Als *wîlsælde* bezeichnete man häufig ein durch den Zeitpunkt der Geburt bestimmtes Schicksal. Im mittelhochdeutschen *wîle* steckt unsere ‚Weile', die sich mit ‚Zeit' übersetzen lässt.

Die zentrale Rolle, die *sælde* in der mittelalterlichen Literatur spielt, schlägt sich auch in Personifizierungen nieder: Eine allegorische *vrouwe Sælde* (Dame der Glückseligkeit) meldet sich in etlichen Erzählungen zu Wort oder stattet sogar besonders tugendhafte Ritter aus. In Konrads von Würzburg „Trojanerkrieg" wird zum Beispiel der Held Paris von einer solchen Dame mit *witz unde künsterîchen sin* (Verstand und kunstreicher Kraft) beschenkt.[156] Und der Ritter Lanzelet, der – um es vorsichtig auszudrücken – der Frauenwelt recht zugetan ist, wird als *wîpsælig* (glücklich in Bezug auf Frauen)[157] bezeichnet, ein Wort, das nur an dieser einzigen Stelle belegt ist.

Einen ganz anderen Weg hat übrigens die englische Variante des Wortes eingeschlagen: Aus dem altenglischen *sǣliġ* ist das englische ‚silly' (dumm, albern) geworden – fast möchte man hier sagen: „Selig sind die geistig Armen ..."

Ein intensives Wort

sêr (Substantiv, neutral)

Schmerz, Leid, Not

Dass unser heute leicht antiquiert klingendes Verb ‚versehren' etwas mit dem Adverb ‚sehr' zu tun haben könnte, ist nicht unbedingt naheliegend. Ein Blick zurück hilft, diese Beziehung aufzuklären. Im Mittelhochdeutschen finden sich als Vorläufer nicht nur das Verb *sêren* und das Adverb *sêr*, sondern auch das gleichlautende Substantiv *sêr* als Bezeichnung für Schmerz oder Leid. So erzählt das „Nibelungenlied", dass Siegfrieds und Kriemhilds Reise von Xanten nach Worms für ihren zurückgelassenen Sohn großen Schmerz zur Folge hat, wird doch sein Vater Siegfried auf dieser Reise ermordet:

Dâ heime si dô liezen Sîfrides kindelîn
unt sun Kriemhilde. daz muos et alsô sîn.
von ir hovereise im erstuont michel sêr.
sîn vater unt sîn muoter gesach daz kindel nimmer mêr.

(Den kleinen Sohn Siegfrieds und Kriemhilds ließen sie zu Hause. Das musste wohl so sein. Aus ihrer Hofreise entstand ihm großes Leid. Seinen Vater und seine Mutter sah das kleine Kind nie mehr wieder.)[158]

Das Wort *sêr* wird in mittelhochdeutschen Texten häufig und in unterschiedlichen Formen gebraucht: So gibt es etwa auch das Kompositum *herzesêr* (Herzeleid), das Adjektiv *sêrec* (betrübt, schmerzhaft) oder die Bezeichnung *ungesêret* (unverletzt). Alle diese Formen haben einen gemeinsamen Bedeutungshintergrund des Leidens oder Verletzens, der sich in unserem Verb ‚versehren' gehalten hat, nicht aber im Adverb ‚sehr', obwohl es etymologisch verwandt ist. Dessen mittelalterlicher Vorläufer wird häufig in Kombination mit *wunt* verwendet, hat also eher die Bedeutung ‚schmerzlich' oder ‚schwer'. Im „Tristan"-Roman des Autors Gottfried von Straßburg wird etwa Riwalin, der Vater Tristans, durch einen Speer schwer verwundet:

dâ wart der werde Riwalîn
mit eime sper zer sîten în
gestochen und sô sêre wunt,
daz in die sîne sâ zestunt
vür einen halptôten man
mit manegem jâmer vuorten dan
hin heim ze Tintajêle wider.

(Da wurde der vornehme Riwalin von einem Speer in die Seite gestochen und so schwer verwundet, dass seine Gefolgsleute ihn sogleich halbtot unter lautem Klagen heimbrachten nach Tintajol.)[159]

Das Adverb grenzte sich demnach bereits damals von den übrigen *sêr*-Wörtern ab und bekam diejenige steigernde Bedeutung, die wir heute kennen. Gottfrieds „Tristan“ bietet dafür ein weiteres Beispiel. Im Prolog erklärt der Autor, sein Werk gehe auf den „Tristan“-Roman eines gewissen Thomas zurück. Jenen habe er zum Anlass genommen, um intensiv *(sêre)* nach weiteren Erzählungen über Tristan zu suchen:

Als der von Tristande seit,
die rihte und die wârheit
begunde ich sêre suochen
in beider hande buochen
walschen und latînen

(Aufgrund dessen, was er (= Thomas) über Tristan erzählt, begann ich, intensiv nach der richtigen Fassung zu suchen, und zwar in Büchern sowohl romanischer als auch lateinischer Herkunft.)[160]

In dieser verstärkenden Funktion machte das Adverb nach dem Mittelalter Karriere, während verwandte Wörter, die mit Schmerz und Leid verbunden waren, langsam aus dem Deutschen verschwanden. Selbst die Überbleibsel ‚versehren‘ oder ‚versehrt‘ werden immer seltener gebraucht und zunehmend durch ‚verletzen‘ oder ‚verwundet‘ ersetzt. In einigen unserer germanischen Nachbarsprachen hat sich das alte Wort erhalten: Im Englischen wird ‚sore‘ vor allem als Adjektiv gebraucht, zum Beispiel in der Kombination ‚a sore throat‘ (Halsschmerzen). Im Niederländischen gibt es das Substantiv ‚zeer‘ (Schmerz) und im Dänischen ‚sår‘ (Wunde). Im Deutschen war der Siegeszug des modernen ‚sehr‘ übrigens geografisch begrenzt: Im Süden Deutschlands, in den sogenannten oberdeutschen Dialekten, werden Verstärkungen noch heute eher durch Wörter wie ‚recht' oder ‚arg' ausgedrückt.

Verschwundene Verschwiegenheit

tougen (Substantiv, feminin/neutral)

Geheimnis, Heimlichkeit

Unser heutiges Substantiv ‚Geheimnis' ist sprachhistorisch gesehen relativ jung. Es bildete sich in der Frühen Neuzeit aus dem Wort ‚Heim' und bezeichnet somit wörtlich das, was ‚zum Heim, zum Haus gehört', also nicht öffentlich ist. So ist auch der im 18. und 19. Jahrhundert oft anzutreffende ‚Geheimrat' kein geheimer Rat, sondern ein zum eigenen Haus gehöriger, mithin vertrauter Rat. Auch das schon im Mittelhochdeutschen existierende Adjektiv *heimelich* hat die Bedeutung von ‚vertraut', nicht aber von ‚heimlich'. Für geheime und verschwiegene Dinge war im Mittelalter hingegen eine andere Wortgruppe zuständig: *tougen* als Substantiv, *tougenlich* als Adjektiv, *tougenlîche* als Adverb und *tougen* als Verb. Alle diese mittelhochdeutschen Wörter bezeichnen etwas Verborgenes, teils in einer eher positiven Bedeutung, wie etwa das ‚Geheimnis Gottes', teils in einer eher negativen Bedeutung, zum Beispiel etwas Dunkles, Finsteres.

Aufgrund dieser großen Bedeutungsspanne lässt sich das Wort sowohl in religiösen als auch in literarischen Texten entdecken. Im „Parzival"-Roman Wolframs von Eschenbach ist beispielsweise der Gral von einem Geheimnis umgeben: *si sprâchen „wer sol schirmer sîn / über des grâles tougen?"* (Sie sprachen: „Wer wird jetzt das Geheimnis des Grals beschützen?").[161] Der Gral ist in diesem Text übrigens kein Kelch, wie heute in Filmen und Büchern häufig dargestellt, sondern ein Stein, der vom Himmel gefallen ist. In einem ähnlich religiösen Kontext findet sich *tougen* auch in der bereits vorgestellten Erzählung Hartmanns von Aue über den armen Heinrich, der vom Aussatz befallen wird (siehe Seite 157). Nachdem Gott ihn heilt, löst sein nun wieder schöner Körper Bewunderung aus: *si kuren diu gotes tougen / an sîme schœnen lîbe* (Sie sahen die Geheimnisse Gottes an seinem makellosen Körper).[162]

Profaner geht es im „Nibelungenlied" zu, als Hagen Kriemhild bittet, ihr die Stelle zu zeigen, an der ihr Mann Siegfried verwundbar ist – angeblich, um ihn beschützen zu können. Hagens Plan, Siegfried zu ermorden, ist zu diesem Zeitpunkt längst gefasst, doch ist Kriemhild dankbar für die vermeintliche Hilfe und stickt ein *tougenlichez*, also ein verstecktes, kaum sichtbares, Kreuz auf Siegfrieds Gewand:

Si sprach: „mit kleinen sîden næ ich ûf sîn gewant
ein tougenlichez kriuze. dâ sol, helt, dîn hant
den mînen man behüeten, sô ez an di herte gât,
swenn er in den stürmen vor sînen vîenden stât."

(Sie sagte: „Mit kleinen Seidenstichen nähe ich auf sein Gewand ein kaum sichtbares Kreuz. Dort soll

Deine Hand, treuer Held, meinen Mann beschützen, wenn es Ernst wird, also immer dann, wenn er im Kampf vor seinen Feinden steht.")[163]

Siegfrieds Schicksal ähnelt dem des Wortes *tougen*: Er verschwindet aus der Geschichte, wenngleich er keinesfalls vergessen wird ...

Allumfassende Liebe

triuten (Verb)

lieben, küssen, miteinander schlafen

Ein in mittelalterlichen Texten sehr häufig zu findendes Verb ist *triuten*. Seine Bedeutung kann die ganze Bandbreite an liebevollen, zwischenmenschlichen Handlungen umfassen: das Fühlen von Liebe oder genereller Sympathie, den Austausch von Zärtlichkeiten oder Küssen, aber auch den Geschlechtsverkehr. Seine Herkunft ist nicht ganz geklärt, es scheint mit unserem heutigen Verb ‚sich trauen' (im Sinne von ‚heiraten') aber zumindest entfernt verwandt zu sein. Überlegt wird auch, ob es Beziehungen zum Wort *triuwe* (Zuverlässigkeit, Treue) gibt.

Neben dem Verb gab es im Mittelhochdeutschen eine ganze Reihe damit zusammenhängender Substantive wie die *trûtschaft* (die Liebe selbst), die *triutinne* (Geliebte) oder ein *sundertriutel* (eine ganze besondere Person). Das Thema „Liebe und Triebe" war bereits im Mittelalter beliebt und benötigte ein entsprechendes Vokabular. Die für die mittelhochdeutsche Sprache so typische Bedeutungsspanne eines Wortes wie *triuten* lässt sich gut am „Nibelungenlied“ zeigen. Der Text beginnt mit der Vorstellung Kriemhilds, die man einfach ‚lieb haben‘ muss:

Der minneclîchen meide triuten wol gezam.
ir muoten küene recken, niemen was ir gram.
âne mâzen schœne sô was ir edel lîp.
der juncvrouwen tugende zierten anderiu wîp.

(Der lieblichen jungen Dame war es sehr angemessen, geliebt zu werden. Tapfere Helden begehrten sie, niemand war ihr böse. Unermesslich schön war die Hochgeborene. Ihr vorzüglicher Charakter war eine Zierde für alle Frauen.)[164]

Ebenfalls ein *triuten*, aber ganz anderer Art, hat Gunther im Sinn, als er sich nach seiner Hochzeit mit Brünhild mit dieser ins Schlafzimmer zurückzieht:

Daz volc was im entwichen, vrouwen unt man.
dô wart diu kemenâte vil balde zuogetân.
er wânde, er solde triuten ir vil minneclichen lîp.
jâ was iz noch unnâhen, ê si wurde sîn wîp.

(Als die Damen und Herren seines Gefolges sich entfernt hatten, wurde das Gemach schnell geschlossen. Jetzt hoffte Gunther, die sehr begehrenswerte Brünhild lieben zu dürfen. Doch es war noch längst nicht so weit, bis sie seine Frau wurde.)[165]

Das mittelhochdeutsche Verb *triuten* besaß also ganz ähnliche Bedeutungen wie unser heutiges Verb ‚lieben‘: von jemanden ‚lieb haben‘ über

‚verliebt sein' bis zum Geschlechtsverkehr. Ab dem 16. Jahrhundert breitete sich aber ebendieses Verb ‚lieben' stark aus und verdrängte dabei langsam andere Wörter wie *triuten*.

Bandbreite von Bedrängnis

vreise (Substantiv, feminin / maskulin)

Gefahr, Schrecken, Not

Artusromane und Heldenepik erzählen oft von bedrohlichen Situationen: Zweikämpfe, gefährliche Reisen, Begegnungen mit monströsen Gegnern. Dies liest sich auch heute noch spannend, genauso interessant ist aber das in diesen Szenen verwendete Vokabular. Viele Wörter, die Wagnisse oder durch Gefahren hervorgerufene Emotionen beschreiben, erscheinen uns vertraut: *nôt* oder *angest* erkennen wir problemlos. Andere Wörter sucht man vergebens: Die Vorgänger von ‚Gefahr' oder das uns heute fast schon veraltet vorkommende ‚Grauen' findet man nur selten, sie waren im Mittelalter kaum verbreitet oder wurden noch nicht als Substantive gebraucht. Stattdessen begegnet uns an vielen Stellen ein anderes, im Mittelhochdeutschen sehr populäres Wort: *vreise*.

Die *vreise*, die teilweise auch in maskuliner Form auftritt, hat eine ganze Bandbreite an Bedeutungen, die mit Gefahr, Schrecken und Furcht verbunden sind. Als sich etwa in Gottfrieds von Straßburg „Tristan"-Roman ein betrügerischer Truchsess einem Drachen nähert, versetzt ihn bereits der Anritt in Schrecken: *in nam der kurzen reise / grôz angest unde vreise* (Der kurze Ritt hatte ihn in große Angst und Furcht gestürzt).[166]

Das Wort *vreise* lässt sich nicht nur als Substantiv finden. Populär sind auch die Adjektive *vreislich* und *vreissam* (entsetzlich, schrecklich) und das Adverb *vreislîche* (auf schreckliche Weise). Im „Nibelungenlied" gibt es etwa eine Szene, in der Siegfried König Gunther abrät, um Brünhilds Hand anzuhalten:

„Daz wil ich widerrâten", sprach dô Sîvrit.
„jâ hât diu kuneginne sô vreisliche sit,
swer umb ir minne wirbet, daz ez im hôhe stât.
des muget ir der reise haben wærlichen rât."

(„Davon möchte ich abraten", sagte da Siegfried. „Denn die Königin hat so schreckliche Angewohnheiten, dass es für jeden, der um ihre Liebe wirbt, ein hochgestecktes Ziel ist. Deshalb solltet Ihr diese Reise auf keinen Fall antreten.")[167]

Diese „schrecklichen Angewohnheiten" bestehen übrigens darin, dass Brünhild jeden Brautwerber auffordert, im Wettkampf gegen sie anzutreten, was Gunther mit Siegfrieds Hilfe letztlich auch tut – die Konsequenzen dieses Betrugs führen dann jedoch in die Katastrophe ...

Heute findet sich das Wort *vreise* im Neuhochdeutschen nicht mehr. Ähnlich klingende Wörter wie ‚freilich' oder ‚freimütig' leiten sich alle von ‚frei' (mittelhochdeutsch *vrî*) ab und haben mit *vreise* nichts zu tun. Fündig wird man allerdings bei unseren Nachbarn: Im Niederländischen gibt es das Wort ‚vrees' für ‚Angst', das mit der *vreise* etymologisch verwandt ist.

vriedel (Substantiv, maskulin)

Geliebter

Genau wie *wine* (siehe Seite 196) und *triutinne* (siehe Seite 190) gehört das Substantiv *vriedel* zu den Wörtern, die einen geliebten Menschen bezeichnen – hier in der Regel eine männliche Person. Auch bei diesem Wort ist die Bandbreite an Bedeutungen groß: der *vriedel* kann ein Geliebter, aber auch der Ehemann oder Bräutigam sein. Verwandt ist das Wort mit dem mittelhochdeutschen Verb *vrîen*, das wir heute noch in der Form ‚freien' als altertümliches Verb für ‚heiraten' kennen.

In der mittelhochdeutschen Literatur taucht das Wort *vriedel* häufig dann auf, wenn von sehr liebevollen Bindungen die Rede ist. Ein Beispiel bietet der Text „Der Ackermann aus Böhmen" des Johannes von Tepl, in dem das Wort in der Schreibweise *frydel* verwendet wird. Es handelt sich um ein Streitgespräch zwischen dem titelgebenden Ackermann und dem Tod, das hochkomplexe und philosophische Themen berührt. Zu Beginn wirft der Ackermann dem Tod vor, ihm seine geliebte Frau genommen zu haben:

Ia, herre, ich was jr frydel, sie meyn amey. Jr hapt sie hin, meyn durchlustig augenweyde; sie ist dahin, mein frydschilt für vngemach; enweg ist mein warsagende winschelrewte. Hin ist hin! Do ste ich armer ackerman allein.

(Ja, Herr, ich war ihr Liebster, sie meine Geliebte.
Ihr habt sie hingerafft, meine süße Augenweide;
sie ist fort, mein Schutzschild gegen Ungemach;
weg ist meine nie irrende Wünschelrute. Hin ist hin!
Da stehe ich armer Ackermann allein.)[168]

Das hier ebenfalls genannte Wort *amey* oder *âmîe* wurde in der Regel für eine weibliche Geliebte verwendet und zeigt den Einfluss des Französischen auf die deutsche Sprache des Mittelalters.

Der Begriff *vriedel* hat den Rechtshistoriker Herbert Meyer zu seinem Konzept der „Friedelehe" im Mittelalter inspiriert. Diese ist laut Meyer dadurch gekennzeichnet, dass beide Partner aus Liebe bzw. freiwillig heiraten und die Ehe gleichberechtigt gestalten, was unserem heutigen Verständnis ähnelt. Meyers These der Friedelehe ist in der Forschung allerdings sehr umstritten und wird überwiegend zurückgewiesen. Unbestritten ist aber, dass in der höfischen Literatur häufig sehr innige Liebesbeziehungen zwischen einer Frau und ihrem *vriedel* geschildert werden.

Mit dem Ende des Mittelalters verschwindet auch das Wort aus dem deutschen Wortschatz – jedenfalls als Bezeichnung für einen Geliebten, denn sowohl als Vor- wie Familienname ist Friedel auch heute noch zu finden.

wine (Substantiv, feminin/maskulin)

Geliebte, Ehefrau, Freundin /Geliebter, Ehemann, Freund

Wenn es um Themen wie Liebe und Partnerschaft geht, haben viele Sprachen ein reiches Vokabular, das sich allerdings häufig dem Zeitgeist angleicht und daher relativ unbeständig ist. Ein sehr altes Wort aus dem Bereich menschlicher Beziehungen ist das mittelhochdeutsche Substantiv *wine*. Es kann sich sowohl auf einen Mann als auch auf eine Frau beziehen und deckt auch inhaltlich ein breites Spektrum ab: Je nach Kontext kann es ‚Freundin', ‚Freund' oder ‚Geliebte', ‚Geliebter' oder ‚Ehefrau', ‚Ehemann' heißen.

Das Wort lässt sich schon im Frühmittelalter, zu althochdeutscher Zeit, finden. So verbietet etwa ein Erlass Karls des Großen aus dem Jahr 789, dass Nonnen *winileodas* verfassen oder versenden. Es ist nicht ganz klar, was darunter zu verstehen ist, das Wort ließe sich mit ‚Lieder für einen Geliebten' oder ‚Lieder für einen Freund' übersetzen. In der mittelhochdeutschen Literatur taucht *wine* vor allem in der Heldenepik auf, also in Texten, die auf mündlichen Erzähltraditionen beruhen und daher teilweise einen älteren Sprachstand bewahrten als die „moderne", von Frankreich beeinflusste Artusdichtung.

Als etwa Kriemhild und Brünhild im „Nibelungenlied" in Streit geraten, weist Kriemhild den Vorwurf zurück, die Geliebte eines Leibeigenen zu sein:

„Wi heten sô geworben di edelen bruoder mîn,
daz ich eigenmannes wine solde sîn?
des wil ich dich, Brünhilt, vil friuntliche bitten,
daz du di rede lâzest durch mich mit güetlichen sitten."

(„Wieso hätten meine edlen Brüder haben wollen, dass ich die Geliebte eines Leibeigenen werden sollte? Deshalb möchte ich Dich, Brünhild, sehr freundlich bitten, solche Rede mir zuliebe rücksichtsvoll zu lassen.")[169]

Heute ist *wine* noch in einigen Namen erhalten, die auf ‚-win' enden, wie etwa Erwin, der sich aus den althochdeutschen Wörtern *heri* (Heer, Krieger) und *wini* (hier in der Bedeutung ‚Freund') zusammensetzt.

Kein Hundegebell

wuof (Substantiv, maskulin)

Geschrei, Weinen, Wehklagen

Die mittelhochdeutsche Sprache kennt mit *wuof* noch ein eigenes Wort für lautes Geschrei, das aber nichts mit dem ‚Wuff' zu tun hat, das wir lautmalerisch als Gebell von Hunden bezeichnen. Das Substantiv *wuof*, das in der Form *wüefen* auch als Verb zu finden ist, meint vielmehr eine ganze Bandbreite von Lauten – von zornigen Schreien bis hin zu weinendem Wehklagen. Im „Lohengrin", einem Text über einen Schwanenritter (der wie viele mittelalterliche Stoffe durch die Opern

Richard Wagners heute noch im kulturellen Gedächtnis ist), taucht *wuof* zum Beispiel als Lärm auf, der von Pferden und Menschen verursacht wird:

(...) *waz ie der man dâ bouwe*
An hütten und an gezelt? dâ wart ein sulch getemere
beidiu von zimmer und von ruof,
von rossen und von liuten hal ein sulcher wuof,
sam tûsent smide ûf kezzel slüegen hemere.

(Hat man dort jemals so viele Hütten und Zelte gebaut? Da gab es ein solches Getöse – sowohl vom Holzbau wie vom Geschrei –, von Pferden und von den Leuten kam ein solcher Lärm, als ob Tausend Schmiede ihre Hämmer auf Kessel schlagen würden.)[170]

Im Sinn von ‚Klage' wird *wuof* in einer Szene des „Nibelungenlieds" verwendet, in der Siegmund um seinen ermordeten Sohn Siegfried trauert:

Sigemunt der herre den fursten umbeslôz.
dô wart von sînen vriunden der jâmer alsô grôz,
daz von dem starkem wuofe palas unde sal
und ouch di stat ze Wormze von ir weinen erschal.

(Herr Siegmund umarmte Siegfried, den Fürsten. Die Wehklagen seiner Freunde schwollen so an, dass von dem lauten Weinen Palas, Saal und auch die Stadt Worms widerhallten.)[171]

Diese wehklagende Bedeutung von *wuof* ist recht häufig in der mittelalterlichen Literatur. So erwähnt etwa der Dichter Heinrich von Melk in seiner Mahnrede über den Tod („Von des todes gehugde") das *wuofftal*[172], durch das wir hindurch müssen – gewissermaßen das Äquivalent zum heutigen ‚Jammertal'. Schon im 15. Jahrhundert ist das Wort im Deutschen nur noch selten anzutreffen. Gehalten hat es sich aber im verwandten englischen Substantiv ‚whoop', was sich mit ‚lauter Ruf' übersetzen lässt.

Tränen im Mittelalter

zaher (Substantiv, maskulin)

Träne, Tropfen

Den Ausdruck ‚Zähre' kennt manch einer noch als dichterische Umschreibung für eine Träne, in unserer Umgangssprache ist er jedoch nicht mehr präsent. Im Mittelhochdeutschen war *zaher* hingegen ein geläufiger Ausdruck, obwohl mit dem Substantiv *trahen* bereits eine Vorform unseres heutigen Wortes ‚Träne' existierte. Es gibt gute Gründe, eine etymologische Verwandtschaft zwischen *zaher* und *trahen* anzunehmen, die wohl beide auf die gleichen Vorläufer zurückgehen. Während aber heute im Deutschen *zaher* weitgehend verschwunden ist (oder nur in der Form ‚Zähre' als etwas antiquiert klingendes Deutsch bisweilen auftaucht), hat sich sein englisches Pendant bis heute gehalten: Hier heißt die Träne bekanntlich ‚tear' – das anfängliche ‚z' in *zaher* erklärt sich durch einen Konsonantenwechsel in der sogenannten Zweiten Lautverschiebung, ähnlich wie auch in englisch ‚tame' (zähmen) und deutsch ‚zahm'.

Das Substantiv *zaher* findet man – vor allem in der Pluralform *zäher* – in vielen Erzählungen, sowohl in der Bedeutung ‚Träne' als auch ‚Tropfen'. So beschreibt etwa der „Parzival"-Roman des Wolfram von Eschenbach das Weinen der Königstocher Condwiramurs, als Parzival in ihre belagerte Stadt kommt:

der magede jâmer was sô grôz,
*vil **zäher** von ir ougen vlôz*
ûf den jungen Parzivâl.

(Des Mädchens Jammer war so groß, dass
von ihren Augen viele Tränen niedertropften
auf den jungen Parzival.)[173]

Bekannt ist aus dem gleichen Roman auch die Szene, in der Parzival im Schnee auf drei Blutstropfen einer verwundeten Gans stößt, woraufhin er in eine Art Trance verfällt, da ihn die roten Tropfen auf weißem Grund an das Gesicht seiner Geliebten Condwiramurs erinnern:

an ir hôhem fluge wart ir wê.
ûz ir wunden ûfen snê
*vieln drî bluotes **zäher** rôt,*
die Parzivâle fuogten nôt.
von sînen triwen daz geschach.
*do er die bluotes **zäher** sach*
ûf dem snê (der was al wîz),
dô dâhter „wer hât sînen vlîz
gewant an dise varwe clâr?
Cundwier âmûrs, sich mac für wâr
disiu varwe dir gelîchen."

(In ihrem hohen Flug wurde sie (= die Gans) verletzt. Aus ihren Wunden auf den Schnee fielen rot drei blutige Tränen, und die nahmen Parzival gefangen: Das geschah ihm von treuem Gedenken. Als er die Blutstränen sah auf dem Schnee, der war ganz weiß, da dachte er: „Wer hat so viel Kunst in diese Farbe gelegt, dass sie so sehr leuchtet? Condwiramurs, diese Farbe kann sich wahrhaftig dir vergleichen.") [174]

Ab dem 18. Jahrhundert wird *trahen* dominant, der wie *zaher* ein männliches Geschlecht hat. Aus dessen Plural *trehene* hat sich dann unsere feminine Singularform ‚die Träne' entwickelt.

Die im Buch zitierten Übersetzungen stammen größtenteils aus den üblichen wissenschaftlichen Editionen der mittelhochdeutschen Texte. Da diese Editionen teilweise schon etwas älter sind, weisen manche Übersetzungen noch die alte Rechtschreibung sowie eine zuweilen unorthodoxe Zeichensetzung auf. Dies wurde hier beibehalten.

1 ut silvae foliis pronos mutantur in annos, / prima cadunt; ita verborum vetus interit aetas, / et iuvenum ritu florent modo nata vigentque. Horaz: De arte poetica, Z. 60–62. Lat. Text und nhd. Übersetzung nach Kytzler 2006.

2 Ulrich von Zatzikhoven: Lanzelet, V. 8060. Mhd. Text nach Kragl 2009. Die nhd. Übersetzung stammt von mir.

3 Otte: Eraclius, V. 1265–1271. Mhd. Text nach Graef 1883. Die nhd. Übersetzung stammt von mir.

4 Hartmann von Aue: Iwein, V. 3457–3459. Mhd. Text und nhd. Übersetzung nach Krohn/Schnyder 2012.

5 Gottfried von Straßburg: Tristan, V. 2759–2767. Mhd. Text und nhd. Übersetzung nach Krohn 2007.

6 Konrad von Würzburg: Trojanerkrieg, V. 4216–4223. Mhd. Text nach Thoelen/Häberlein 2015. Die nhd. Übersetzung stammt von mir.

7 Jacob Grimm und Wilhelm Grimm: Deutsches Wörterbuch. Bd. 2, Leipzig 1860, Sp. 435.

8 Nibelungenlied, Str. 426. Mhd. Text und nhd. Übersetzung nach Schulze/Grosse 2011.

9 Nibelungenlied, Str. 1. Mhd. Text und nhd. Übersetzung nach Schulze/Grosse 2011.

10 Hartmann von Aue: Iwein, V. 6998–7002. Mhd. Text und nhd. Übersetzung nach Krohn/Schnyder 2012. Der mhd. Text ist aus Gründen der Lesbarkeit leicht „normalisiert".

11 Gotthold Ephraim Lessing: Emilia Galotti, 1. Aufzug, 4. Auftritt. Text nach Bauer/Plachta 2014.

12 Wolfram von Eschenbach: Parzival, 418,23; 429,12; 544,22; 602,12. Mhd. Text nach Knecht/Schirok 2003.

13 Nibelungenlied, Str. 1102,2–4. Mhd. Text und nhd. Übersetzung nach Schulze/Grosse 2011.

14 Hartmann von Aue: Iwein, V. 2204f. Mhd. Text und nhd. Übersetzung nach Krohn/Schnyder 2012.

15 Wolfram von Eschenbach: Parzival, 523,9. Mhd. Text nach Knecht/Schirok 2003. Die nhd. Übersetzung stammt von mir.

16 Nibelungenlied, Str. 979,1. Mhd. Text und nhd. Übersetzung nach Schulze/Grosse 2011. Die nhd. Übersetzung ist leicht von mir modifiziert.

17 Nibelungenlied, Str. 210,2. Mhd. Text und nhd. Übersetzung nach Schulze/Grosse 2011. Die nhd. Übersetzung ist leicht von mir modifiziert.

18 Wigamur, V. 3993–3997. Mhd. Text und nhd. Übersetzung nach Busch 2009.

19 Der Stricker: Daniel von dem Blühenden Tal, V. 5161–5171. Mhd. Text nach Resler 1983. Die nhd. Übersetzung stammt von mir.

20 Wolfram von Eschenbach: Parzival, 478,25–30. Mhd. Text und nhd. Übersetzung nach Knecht/Schirok 2003. Die nhd. Übersetzung ist leicht von mir modifiziert.

21 Wolfram von Eschenbach: Parzival, 262,18–26. Mhd. Text und nhd. Übersetzung nach Knecht/Schirok 2003.

22 Heinrich von Veldeke: Eneasroman, V. 13159–13164. Mhd. Text und nhd. Übersetzung nach Kartschoke 1986.

23 Hartmann von Aue: Gregorius, V. 910–912. Mhd. Text und nhd. Übersetzung nach Neumann 1963.

24 Nibelungenlied, Str. 2125. Mhd. Text und nhd. Übersetzung nach Schulze/Grosse 2011.

25 Wolfram von Eschenbach: Willehalm, 429,2f. Mhd. Text und nhd. Übersetzung nach Schröder/Kartschoke 2003.

26 Wolfram von Eschenbach: Parzival, 210,27–211,1. Mhd. Text und nhd. Übersetzung nach Knecht/Schirok 2003.

27 Wolfram von Eschenbach: Parzival, 215,19. Mhd. Text nach Knecht/Schirok 2003.

28 Rudolf von Ems: Barlaam und Josaphat, V. 1424. Mhd. Text nach Pfeiffer 1965.

29 Heinrich von Veldeke: Eneasroman, V. 5626. Mhd. Text nach Kartschoke 1986.

30 Nibelungenlied, Str. 687,2f. Mhd. Text und nhd. Übersetzung nach Schulze/Grosse 2011. Die nhd. Übersetzung ist leicht von mir modifiziert.

31 Herzog Ernst D, V. 13. Mhd. Text nach Rosenfeld 1991. Die nhd. Übersetzung stammt von mir.

32 Hartmann von Aue: Erec, V. 1893–1901. Mhd. Text und nhd. Übersetzung nach Mertens 2008.

33 Der Stricker: Karl der Große, V. 2419–2421. Mhd. Text nach Singer 2016. Die nhd. Übersetzung stammt von mir.

34 Wolfram von Eschenbach: Parzival, 307,14f. Mhd. Text nach Knecht/Schirok 2003. Die nhd. Übersetzung stammt von mir.

35 König Rother, V. 1883f. Mhd. Text und nhd. Übersetzung nach Stein/Bennewitz 2010. Die nhd. Übersetzung ist leicht von mir modifiziert.

36 Neidhart: Der wild tor (c 105), VI, 11. Mhd. Text nach Müller/Bennewitz/Spechtler 2007. Die nhd. Übersetzung stammt von mir.

37 Nibelungenlied, Str. 836–837,3. Mhd. Text und nhd. Übersetzung nach Schulze/Grosse 2011.

38 Konrad von Würzburg: Trojanerkrieg, V. 31634–31637. Mhd. Text nach Thoelen/Häberlein 2015. Die nhd. Übersetzung stammt von mir.

39 Ulrich von Liechtenstein: Frauendienst, 1712. Mhd. Text nach Spechtler 1987. Nhd. Übersetzung nach Spechtler 2000.

40 Wolfram von Eschenbach: Parzival, 495,7–12. Mhd. Text und nhd. Übersetzung nach Knecht/Schirok 2003. Die nhd. Übersetzung ist leicht von mir modifiziert.

41 Nibelungenlied, Str. 101,1f. Mhd. Text und nhd. Übersetzung nach Schulze/Grosse 2011.

42 Richard Wagner: Die Walküre, V. 210-214 (1. Aufzug, 2. Szene). Text nach Voss 1997.

43 Deutschenspiegel, S. 85 (1. Landrechtsteil, 6). Mhd. Text nach Eckhardt/Hübner 1933.

44 Nibelungenlied, Str. 1085,1–3. Mhd. Text und nhd. Übersetzung nach Schulze/Grosse 2011.

45 Ezzo-Lied, V. 109–116. Mhd. Text und nhd. Übersetzung nach Lange 2005.

46 Wolfram von Eschenbach: Parzival, 167,16–20. Mhd. Text und nhd. Übersetzung nach Knecht/Schirok 2003. Die nhd. Übersetzung ist leicht von mir modifiziert.

47 Konrad von Megenberg: Das Buch der Natur, 55,10–14. Mhd. Text nach Pfeiffer 1861. Die nhd. Übersetzung stammt von mir.

48 Annette von Droste-Hülshoff: Das Spiegelbild, V. 18–21. Text nach Woesler 1985.

49 Rudolf von Ems: Barlaam und Josaphat, V. 6885–6890. Mhd. Text nach Pfeiffer 1965. Die nhd. Übersetzung stammt von mir.

50 Hartmann von Aue: Erec, V. 5243–5249. Mhd. Text und nhd. Übersetzung nach Mertens 2008.

51 Oswald von Wolkenstein: Kain freud mit klarem herzen, Lied 24, V. 13–16. Mhd. Text nach Moser/Wolf 1987. Die nhd. Übersetzung stammt von mir.

52 Gottfried von Straßburg: Tristan, V. 3613–3617. Mhd. Text und nhd. Übersetzung nach Krohn 2007.

53 Hartmann von Aue: Iwein, V. 21–30. Mhd. Text und nhd. Übersetzung nach Krohn/Schnyder 2012.

54 Nibelungenlied, Str. 1 (C-Fassung). Mhd. Text und nhd. Übersetzung nach Schulze/Grosse 2011.

55 Wolfram von Eschenbach: Parzival, 809,23f. Mhd. Text nach Knecht/Schirok 2003. Die nhd. Übersetzung stammt von mir.

56 Ulrich von Zatzikhoven: Lanzelet, V. 8521. Mhd. Text nach Kragl 2009. Die nhd. Übersetzung stammt von mir.

57 Kaiserchronik, V. 8689–8691. Mhd. Text nach Schröder 1892. Die nhd. Übersetzung stammt von mir.

58 Thomasin von Zerklære: Der Welsche Gast, V. 1819f. Mhd. Text nach Rückert 1852. Die nhd. Übersetzung stammt von mir.

59 Walther von der Vogelweide: Stæte ist ein angest und ein nôt, Str. 1. Mhd. Text und nhd. Übersetzung nach Schweikle 2011.

60 Hartmann von Aue: Erec, V. 1260–1263. Mhd. Text und nhd. Übersetzung nach Mertens 2008.

61 Nibelungenlied, Str. 1391,1. Mhd. Text und nhd. Übersetzung nach Schulze/Grosse 2011. Die nhd. Übersetzung ist leicht von mir modifiziert.

62 Wirnt von Grafenberg: Wigalois, V. 3994f. Mhd. Text und nhd. Übersetzung nach Seelbach 2005.

63 Johann Wolfgang Goethe: Faust, V. 4021–4023. Text nach Schöne 1994.

64 Wolfram von Eschenbach: Parzival, 578,24–30. Mhd. Text und nhd. Übersetzung nach Knecht/Schirok 2003. Die nhd. Übersetzung ist leicht von mir modifiziert.

65 Nibelungenlied, Str. 993 und 994,1. Mhd. Text und nhd. Übersetzung nach Schulze/Grosse 2011.

66 Heinrich von dem Türlin: Diu Crône, V. 1–13. Mhd. Text nach Felder 2012. Nhd. Übersetzung nach Kragl 2012.

67 Hans Sachs: Historia: Eustachius, der fromme christliche bischoff, und Steffanus, der falsch arrianisch bischoff, S. 545, V. 18. Zit. nach von Keller/Goetze 1885.

68 Kudrun, Str. 439,4. Mhd. Text nach Bartsch/Stackmann 2000. Die nhd. Übersetzung stammt von mir.

69 Wirnt von Grafenberg: Wigalois, V. 1407–1410. Mhd. Text und nhd. Übersetzung nach Seelbach 2005.

70 Otto IV. von Brandenburg: Uns kumt aber ein liehter meie (C 4 5), I, 1f. Mhd. Text nach Seidl 2019. Die nhd. Übersetzung stammt von mir.

71 Nibelungenlied, Str. 484. Mhd. Text und nhd. Übersetzung nach Schulze/Grosse 2011.

72 Albrecht: Jüngerer Titurel, Str. 1307,1–1308,1. Mhd. Text nach Wolf/Nyholm 1955–1995. Die nhd. Übersetzung stammt von mir.

73 Nibelungenlied, Str. 1004. Mhd. Text und nhd. Übersetzung nach Schulze/Grosse 2011.

74 Ulrich von Zatzikhoven: Lanzelet, V. 5751–5753. Mhd. Text nach Kragl 2009. Die nhd. Übersetzung stammt von mir.

75 Ulrich von Türheim: Tristan, V. 1741–1743. Mhd. Text nach Spiewok 1989. Der mhd. Text ist aus Gründen der Lesbarkeit leicht „normalisiert". Die nhd. Übersetzung stammt von mir.

76 Konrad von Megenberg: Das Buch der Natur, 12,19–22. Mhd. Text nach Pfeiffer 1861. Die nhd. Übersetzung stammt von mir.

77 Johann Wolfgang Goethe: Torquato Tasso, V. 1693-1696 (3. Aufzug, 2. Auftritt). Text nach Borchmeyer/Huber 1988.

78 Wolfram von Eschenbach: Parzival, 111,25. Mhd. Text und nhd. Übersetzung nach Knecht/Schirok 2003. Die nhd. Übersetzung ist leicht von mir modifiziert.

79 Das Anegenge, V. 2534–2542. Mhd. Text nach Bauer 2022. Die nhd. Übersetzung stammt von mir.

80 Hartmann von Aue: Iwein, V. 14. Mhd. Text nach Krohn/Schnyder 2012. Die nhd. Übersetzung stammt von mir.

81 Nibelungenlied, Str. 219,2–4. Mhd. Text und nhd. Übersetzung nach Schulze/Grosse 2011. Die nhd. Übersetzung ist leicht von mir modifiziert.

82 Pfaffe Konrad: Rolandslied, V. 7925–7929. Mhd. Text und nhd. Übersetzung nach Kartschoke 1996.

83 Kudrun, Str. 903,2. Mhd. Text nach Bartsch/Stackmann 2000. Die nhd. Übersetzung stammt von mir.

84 Dietmar von Aist: Ez stuont ein vrouwe alleine, V. 7f. Mhd. Text nach Lachmann/Haupt 1988 (Des Minnesangs Frühling). Die nhd. Übersetzung stammt von mir.

85 Wernher der Gärtner: Helmbrecht, V. 1001–1003. Mhd. Text und nhd. Übersetzung nach Göttert 2015.

86 Ulrich von Zatzikhoven: Lanzelet, V. 8596–8604. Mhd. Text und nhd. Übersetzung nach Kragl 2009.

87 Otnit, Str. 408,2. Mhd. Text nach Fuchs-Jolie 2013. Die nhd. Übersetzung stammt von mir.

88 Nibelungenlied, Str. 125. Mhd. Text und nhd. Übersetzung nach Schulze/Grosse 2011.

89 Mhd. Text nach Cormeau 1996, Buch II, Lied 42, Str. IV,5f. Die nhd. Übersetzung stammt von mir.

90 Nibelungenlied, Str. 20. Mhd. Text und nhd. Übersetzung nach Schulze/Grosse 2011. Die nhd. Übersetzung ist leicht von mir modifiziert.

91 Hartmann von Aue: Iwein, V. 425–431. Mhd. Text und nhd. Übersetzung nach Krohn/Schnyder 2012.

92 Thomasin von Zerklære: Der Welsche Gast, V. 10113–10118. Mhd. Text nach Rückert 1852. Die nhd. Übersetzung stammt von mir.

93 Gottfried von Straßburg: Tristan, V. 4634–4637. Mhd. Text und nhd. Übersetzung nach Krohn 2007. Die nhd. Übersetzung ist leicht von mir modifiziert.

94 Walther von der Vogelweide: Nement, frowe, disen cranz, Str. 2. Mhd. Text und nhd. Übersetzung nach Klein 2010 (Anthologie: Minnesang).

95 Konrad von Würzburg: Herzmære, V. 459–466. Mhd. Text und nhd. Übersetzung nach Grubmüller 2014 (Anthologie: Novellistik des Mittelalters).

96 Hartmann von Aue: Iwein, V. 3695–3697. Mhd. Text und nhd. Übersetzung nach Krohn/Schnyder 2012.

97 Heinrich von dem Türlin: Diu Crône, V. 3398–3401. Mhd. Text nach Felder 2012. Die nhd. Übersetzung stammt von mir.

98 Nibelungenlied, Str. 2069,1f. Mhd. Text und nhd. Übersetzung nach Schulze/Grosse 2011.

99 Heinrich von Freiberg: Tristan und Isolde, V. 651–655. Mhd. Text und nhd. Übersetzung nach Buschinger 1993.

100 Wolfram von Eschenbach: Parzival, 127,26–28. Mhd. Text und nhd. Übersetzung nach Knecht/Schirok 2003. Die nhd. Übersetzung ist leicht von mir modifiziert.

101 Wolfram von Eschenbach: Parzival, 131,14–16. Mhd. Text und nhd. Übersetzung nach Knecht/Schirok 2003. Die nhd. Übersetzung ist leicht von mir modifiziert.

102 Konrad von Würzburg: Engelhard, V. 6348–6353. Mhd. Text nach Reiffenstein 1982. Nhd. Übersetzung nach Schmitz 1989.

103 Kudrun, Str. 41,1. Mhd. Text nach Bartsch/Stackmann 2000. Die nhd. Übersetzung stammt von mir.

104 Gottfried von Straßburg: Tristan, V. 11098–11101. Mhd. Text und nhd. Übersetzung nach Krohn 2007.

105 Wolfram von Eschenbach: Parzival, 295,24f. Mhd. Text nach Knecht/Schirok 2003. Die nhd. Übersetzung stammt von mir.

106 Wirnt von Grafenberg: Wigalois, V. 6555–6558. Mhd. Text und nhd. Übersetzung nach Seelbach 2005.

107 Wirnt von Grafenberg: Wigalois, V. 5062–5068. Mhd. Text und nhd. Übersetzung nach Seelbach 2005.

108 Konrad von Würzburg: Trojanerkrieg, V. 40959–40962. Mhd. Text nach Thoelen/Häberlein 2015. Die nhd. Übersetzung stammt von mir.

109 Hugo von Trimberg: Der Renner, V. 11442–11446. Mhd. Text nach Ehrismann 1970. Die nhd. Übersetzung stammt von mir.

110 Konrad von Megenberg: Das Buch der Natur, 436,10f. Mhd. Text nach Pfeiffer 1861. Die nhd. Übersetzung stammt von mir.

111 Konrad von Würzburg: Trojanerkrieg, V. 7876–7879. Mhd. Text nach Thoelen/Häberlein 2015. Die nhd. Übersetzung stammt von mir.

112 Albrecht: Jüngerer Titurel, Str. 1433,1. Mhd. Text nach Wolf/Nyholm 1955–1995. Die nhd. Übersetzung stammt von mir.

113 Albrecht: Jüngerer Titurel, Str. 99,1 und 99,3. Mhd. Text nach Wolf/Nyholm 1955–1995. Die nhd. Übersetzung stammt von mir.

114 Wolfram von Eschenbach: Titurel, Str. 166,1f. Mhd. Text und nhd. Übersetzung nach Brackert/Fuchs-Jolie 2003.

115 Wolfram von Eschenbach: Willehalm, Str. 449,14f. Mhd. Text und nhd. Übersetzung nach Schröder/Kartschoke 2003.

116 Heinrich der Glîchezâre: Reinhart Fuchs, V. 29–32. Mhd. Text und nhd. Übersetzung nach Göttert 2005.

117 Nibelungenlied, Str. 864,1. Mhd. Text und nhd. Übersetzung nach Schulze/Grosse 2011. Die nhd. Übersetzung ist leicht von mir modifiziert.

118 Johann Wolfang Goethe: Faust. Der Tragödie Zweiter Teil, V. 11710–11712. Text nach Schöne 1994.

119 Kudrun, Str. 379,2f. Mhd. Text nach Bartsch/Stackmann 2000. Die nhd. Übersetzung stammt von mir.

120 Ulrich von Zatzikhoven: Lanzelet, V. 5040–5048. Mhd. Text und nhd. Übersetzung nach Kragl 2009. Die nhd. Übersetzung ist leicht von mir modifiziert.

121 Lorscher Bienensegen, V. 1. Ahd. Text und nhd. Übersetzung nach Müller 2007 (Anthologie: Althochdeutsche Literatur).

122 Rudolf von Ems: Weltchronik, V. 20580–20588. Mhd. Text nach Ehrismann 1915. Die nhd. Übersetzung stammt von mir.

123 Albrecht: Jüngerer Titurel, Str. 6112,2–6113,2. Mhd. Text nach Wolf/Nyholm 1955–1995. Die nhd. Übersetzung stammt von mir.

124 Hugo von Trimberg: Der Renner, V. 20117–20126. Mhd. Text nach Ehrismann 1970. Die nhd. Übersetzung stammt von mir.

125 Mhd. Text nach: Die Chroniken der deutschen Städte vom 14. bis ins 16. Jahrhundert. Bd. 13: Die Chroniken der niederrheinischen Städte: Cöln. Bd. 2, 170,9–11. Die nhd. Übersetzung stammt von mir.

126 Wolfram von Eschenbach: Willehalm, Str. 235,14–19. Mhd. Text und nhd. Übersetzung nach Schröder/Kartschoke 2003.

127 Lohengrin, Str. 278 (V. 2774–2777). Mhd. Text nach Cramer 1971. Die nhd. Übersetzung stammt von mir.

128 Kaiserchronik, V. 6612–6615. Mhd. Text nach Schröder 1892. Die nhd. Übersetzung stammt von mir.

129 Mainauer Naturlehre, S. 12. Mhd. Text nach Wackernagel 1851. Die nhd. Übersetzung stammt von mir.

130 Priester Wernher: Maria, V. 369. Mhd. Text nach Wesle 1969. Die nhd. Übersetzung stammt von mir.

131 Der Stricker: Der Hahn und die Perle, V. 4–7. Mhd. Text nach Ehrismann 1992. Die nhd. Übersetzung stammt von mir.

132 Hartmann von Aue: Der arme Heinrich, V. 116–123. Mhd. Text und nhd. Übersetzung nach Busch/Wolf 2013.

133 Pfaffe Lambrecht: Alexanderroman (Straßburger Alexander), V. 1000f. Mhd. Text und nhd. Übersetzung nach Lienert 2007.

134 Wolfram von Eschenbach: Parzival, 775,10 und 775,12. Mhd. Text nach Knecht/Schirok 2003.

135 Konrad von Würzburg: Zwelf schâcher zeines türsen hûs in einem walde kâmen (LXIX, 67–74). Mhd. Text nach Bartsch 1966 (Anthologie: Deutsche Liederdichter des zwölften bis vierzehnten Jahrhunderts). Die nhd. Übersetzung stammt von mir.

136 Nibelungenlied, Str. 1118,4. Mhd. Text nach Schulze/Grosse 2011. Die nhd. Übersetzung stammt von mir.

137 Gottfried von Straßburg: Tristan, V. 7596–7601. Mhd. Text und nhd. Übersetzung nach Krohn 2007.

138 Albrecht: Jüngerer Titurel, Str. 3879,2. Mhd. Text nach Wolf/Nyholm 1955–1995. Die nhd. Übersetzung stammt von mir.

139 Nibelungenlied, Str. 483,1. Mhd. Text und nhd. Übersetzung nach Schulze/Grosse 2011.

140 Nibelungenlied, Str. 983. Mhd. Text und nhd. Übersetzung nach Schulze/Grosse 2011.

141 Wirnt von Grafenberg: Wigalois, V. 5005–5010. Mhd. Text und nhd. Übersetzung nach Seelbach 2005.

142 Hartmann von Aue: Gregorius, V. 1997f. Mhd. Text und nhd. Übersetzung nach Neumann 1963.

143 Das Nonnenturnier, V. 563–570. Mhd. Text und nhd. Übersetzung nach Grubmüller 2014 (Anthologie: Novellistik des Mittelalters). Die nhd. Übersetzung ist leicht von mir modifiziert.

144 Walther von der Vogelweide: Alrêrst lebe ich mir werde, Str. 5. Mhd. Text und nhd. Übersetzung nach Kasten/Kuhn 2005 (Anthologie: Deutsche Lyrik des frühen und hohen Mittelalters).

145 Gottfried von Straßburg: Tristan, V. 6704–6706. Mhd. Text und nhd. Übersetzung nach Krohn 2007.

146 Nibelungenlied, Str. 951. Mhd. Text und nhd. Übersetzung nach Schulze/Grosse 2011.

147 Kudrun, Str. 1196,4. Mhd. Text nach Bartsch/Stackmann 2000. Die nhd. Übersetzung stammt von mir.

148 Gottfried von Straßburg: Tristan, V. 18467–18469. Mhd. Text und nhd. Übersetzung nach Krohn 2007.

149 Kaiserchronik, V. 176–182. Mhd. Text und nhd. Übersetzung nach Herweg 2014.

150 Wolfram von Eschenbach: Parzival, 738,19f. Mhd. Text und nhd. Übersetzung nach Knecht/Schirok 2003.

151 Ulrich von Zatzikhoven: Lanzelet, V. 7008–7011. Mhd. Text und nhd. Übersetzung nach Kragl 2009.

152 Mhd. Text und nhd. Übersetzung nach Hübner 2008 (Minnesang im 13. Jahrhundert), S. 142.

153 Gottfried von Straßburg: Tristan, V. 87–90. Mhd. Text und nhd. Übersetzung nach Krohn 2007.

154 Hartmann von Aue: Iwein, V. 985–987. Mhd. Text und nhd. Übersetzung nach Krohn/Schnyder 2012. Die nhd. Übersetzung ist leicht von mir modifiziert.

155 Hartmann von Aue: Iwein, V. 1–3. Mhd. Text und nhd. Übersetzung nach Krohn/Schnyder 2012.

156 Konrad von Würzburg: Trojanerkrieg, V. 1750. Mhd. Text nach Thoelen/Häberlein 2015. Die nhd. Übersetzung stammt von mir.

157 Ulrich von Zatzikhoven: Lanzelet, V. 5529. Mhd. Text nach Kragl 2009. Die nhd. Übersetzung stammt von mir.

158 Nibelungenlied, Str. 777. Mhd. Text und nhd. Übersetzung nach Schulze/Grosse 2011.

159 Gottfried von Straßburg: Tristan, V. 1135–1141. Mhd. Text und nhd. Übersetzung nach Krohn 2007.

160 Gottfried von Straßburg: Tristan, V. 155–159. Mhd. Text und nhd. Übersetzung nach Krohn 2007.

161 Wolfram von Eschenbach: Parzival, 480,22f. Mhd. Text und nhd. Übersetzung nach Knecht/Schirok 2003. Die nhd. Übersetzung ist leicht von mir modifiziert.

162 Hartmann von Aue: Der arme Heinrich, V. 1394f. Mhd. Text und nhd. Übersetzung nach Busch/Wolf 2013.

163 Nibelungenlied, Str. 901. Mhd. Text und nhd. Übersetzung nach Schulze/Grosse 2011.

164 Nibelungenlied, Str. 3 (nach der Handschrift A). Mhd. Text nach Bartsch/de Boor 1996. Die nhd. Übersetzung stammt von mir.

165 Nibelungenlied, Str. 628. Mhd. Text und nhd. Übersetzung nach Schulze/Grosse 2011.

166 Gottfried von Straßburg: Tristan, V. 9115f. Mhd. Text und nhd. Übersetzung nach Krohn 2007.

167 Nibelungenlied, Str. 328. Mhd. Text und nhd. Übersetzung nach Schulze/Grosse 2011.

168 Johannes von Tepl: Der Ackermann, S. 12f. Fnhd. Text und nhd. Übersetzung nach Kiening 2002. Die nhd. Übersetzung ist leicht von mir modifiziert.

169 Nibelungenlied, Str. 819. Mhd. Text und nhd. Übersetzung nach Schulze/Grosse 2011.

170 Lohengrin, Str. 174 (V. 1736–1740). Mhd. Text nach Cramer 1971. Die nhd. Übersetzung stammt von mir.

171 Nibelungenlied, Str. 1022. Mhd. Text und nhd. Übersetzung nach Schulze/Grosse 2011.

172 Heinrich von Melk: Von des todes gehugde, V. 983. Mhd. Text nach Bein 1994.

173 Wolfram von Eschenbach: Parzival, 193,15–17. Mhd. Text und nhd. Übersetzung nach Knecht/Schirok 2003. Die nhd. Übersetzung ist leicht von mir modifiziert.

174 Wolfram von Eschenbach: Parzival, 282,19–29. Mhd. Text und nhd. Übersetzung nach Knecht/Schirok 2003. Die nhd. Übersetzung ist leicht von mir modifiziert.

Literaturangaben

Albrecht (von Scharfenberg): Jüngerer Titurel. 4 Bände. Nach den Grundsätzen von Werner Wolf kritisch hrsg. von Kurt Nyholm, Berlin 1955–1995.

Althochdeutsche Literatur. Eine kommentierte Anthologie. Althochdt./Neuhochdt., Altniederdt./Neuhochdt. Übers., hrsg. und komm. von Stephan Müller, Stuttgart 2007.

Das ‚Anegenge' – Text und Studien. Hrsg. von Eva Bauer, Berlin/Boston 2022.

Die Chroniken der deutschen Städte vom 14. bis ins 16. Jahrhundert. Auf Veranlassung und mit Unterstützung Seiner Majestät des Königs von Bayern Maximilian II. Hrsg. durch die Historische Commission bei der Königl. Academie der Wissenschaften. Bd. 13: Die Chroniken der niederrheinischen Städte: Cöln. Bd. 2, Leipzig 1876.

Deutsche Liederdichter des zwölften bis vierzehnten Jahrhunderts. Eine Auswahl. Hrsg. von Karl Bartsch. Unveränd. reprograf. Nachdr. der 4., von Wolfgang Golther besorgten Aufl., Darmstadt 1966.

Deutsche Lyrik des frühen und hohen Mittelalters. Edition der Texte und Kommentare von Ingrid Kasten. Übers. von Margherita Kuhn, Frankfurt am Main 2005.

Deutschenspiegel und Augsburger Sachsenspiegel. Hrsg. von Karl August Eckhardt, Alfred Hübner. 2., neubearb. Ausg., Hannover 1933.

Droste-Hülshoff, Annette von: Historisch-kritische Ausgabe. Werke, Briefwechsel. Bd. 1,1: Gedichte zu Lebzeiten, Text. Hrsg. von Winfried Woesler, Tübingen 1985.

Das Ezzo-Lied in der Vorauer Überlieferung. Text, Übersetzung und Kommentar. Hrsg. und übers. von Christoph Lange, Erlangen/Jena 2005.

Goethe, Johann Wolfgang von: Sämtliche Werke. Briefe, Tagebücher und Gespräche in 40 Bänden. Hrsg. von Dieter Borchmeyer. Abt. 1, Bd. 5: Dramen 1776–1790. Hrsg. von Dieter Borchmeyer unter Mitarb. von Peter Huber, Frankfurt am Main 1988.

Goethe, Johann Wolfgang von: Sämtliche Werke. Briefe, Tagebücher und Gespräche in 40 Bänden. Hrsg. von Dieter Borchmeyer. Abt. 1, Bd. 7: Faust. Hrsg. von Albrecht Schöne, Frankfurt am Main 1994.

Gottfried von Straßburg: Tristan. Mittelhochdeutsch/Neuhochdeutsch. 3 Bände. Nach dem Text von Friedrich Ranke neu hrsg., ins Neuhochdt. übers., mit einem Stellenkommentar und einem Nachw. von Rüdiger Krohn. 12. Aufl., Stuttgart 2007.

Hartmann von Aue: Gregorius der gute Sünder. Mittelhochdeutsch/Neuhochdeutsch. Mhd. Text nach der Ausg. von Friedrich Neumann. Übertr. von Burkhard Kippenberg, Stuttgart 1963.

Hartmann von Aue: Erec. Mittelhochdt./Neuhochdt. Hrsg., übers. und komm. von Volker Mertens, Stuttgart 2008.

Hartmann von Aue: Iwein. Mittelhochdeutsch/Neuhochdeutsch. Hrsg. und übers. von Rüdiger Krohn. Kommentiert von Mireille Schnyder, Stuttgart 2012.

Hartmann von Aue: Der arme Heinrich. Mittelhochdeutsch/Neuhochdeutsch. Hrsg., übers. und komm. von Nathanael Busch, Jürgen Wolf, Stuttgart 2013.

Heinrich von Freiberg: Tristan und Isolde. Fortsetzung des Tristan-Romans Gottfrieds von Straßburg. Hrsg. von Danielle Buschinger. Übers. von Wolfgang Spiewok, Greifswald 1993.

Heinrich der Glîchezâre: Reinhart Fuchs. Mittelhochdeutsch/Neuhochdeutsch. Hrsg., übers. und erl. von Karl-Heinz Göttert. Bibliograph. erg. Ausg, Stuttgart 2005.

Heinrich von Melk: Von des todes gehugde. Mahnrede über den Tod. Mittelhochdeutsch/Neuhochdeutsch. Hrsg., übers., komm. und mit einer Einf. in das Werk von Thomas Bein, Stuttgart 1994.

Heinrich von dem Türlin: Die Crône. Kritische mittelhochdeutsche Leseausgabe mit Erläuterungen. Hrsg. von Gudrun Felder, Berlin/Boston 2012.

Heinrich von dem Türlin: Die Krone. Unter Mitarbeit von Alfred Ebenbauer ins Neuhochdt. übers. von Florian Kragl, Berlin/Boston 2012.

Heinrich von Veldeke: Eneasroman. Mittelhochdeutsch/Neuhochdeutsch. Nach dem Text von Ludwig Ettmüller ins Neuhochdt. übers., mit einem Stellenkommentar und einem Nachw. von Dieter Kartschoke, Stuttgart 1986.

Herzog Ernst D. Hrsg. von Hans-Friedrich Rosenfeld, Tübingen 1991.

Horaz: Sämtliche Werke. Lateinisch/Deutsch. Mit den Holzschnitten der Straßburger Ausgabe von 1498, mit einem Nachwort hrsg. von Bernhard Kytzler. Verbesserte und aktualisierte Neuausgabe, Stuttgart 2006.

Hugo von Trimberg: Der Renner. 4 Bände. Hrsg. von Gustav Ehrismann. Mit einem Nachw. und Erg. von Günther Schweikle. Nachdr., Berlin 1970.

Johannes von Tepl: Der Ackermann. Frühneuhochdeutsch/Neuhochdeutsch. Hrsg., übers. und komm. von Christian Kiening. Durchges. und verb. Ausg., Stuttgart 2002.

Die Kaiserchronik eines Regensburger Geistlichen. Hrsg. von Edward Schröder, Hannover 1892.

Die Kaiserchronik. Eine Auswahl. Mittelhochdeutsch/Neuhochdeutsch. Übers., komm. und mit einem Nachw. versehen von Mathias Herweg, Stuttgart 2014.

König Rother. Mittelhochdt./Neuhochdt. Hrsg. und übers. von Peter Stein, Ingrid Bennewitz, Stuttgart 2000.

Konrad von Megenberg: Das Buch der Natur. Hrsg. von Franz Pfeiffer, Stuttgart 1861.

Konrad von Würzburg: Engelhard. Hrsg. von Ingo Reiffenstein. 3., neubearb. Aufl. der Ausg. von Paul Gereke, Tübingen 1982.

Konrad von Würzburg: Engelhard. Nach dem Text von Ingo Reiffenstein ins Neuhochdt. übertr., mit einem Stellenkommentar und einem Nachw. von Klaus Jörg Schmitz, Göppingen 1989.

Konrad von Würzburg: Trojanerkrieg und die anonym überlieferte Fortsetzung. Hrsg. von Heinz Thoelen, Bianca Häberlein, Wiesbaden 2015.

Kudrun. Nach der Ausg. von Karl Bartsch hrsg. von Karl Stackmann, Tübingen 2000.

Lessing, Gotthold Ephraim: Emilia Galotti. Ein Trauerspiel in fünf Auszügen. Studienausgabe. Hrsg. von Elke Bauer, Bodo Plachta, Stuttgart 2014.

Lohengrin. Edition und Untersuchungen. Hrsg. von Thomas Cramer, München 1971.

Meinauer Naturlehre. Hrsg. von Wilhelm Wackernagel, Stuttgart 1851.

Minnesang. Mittelhochdeutsche Liebeslieder. Eine Auswahl. Mittelhochdeutsch/Neuhochdeutsch. Hrsg., übers. und komm. von Dorothea Klein, Stuttgart 2010.

(Gert Hübner:) Minnesang im 13. Jahrhundert. Eine Einführung, Tübingen 2008.

Des Minnesangs Frühling. Band 1: Texte. Unter Benutzung der Ausg. von Karl Lachmann bearb. von Hugo Moser und Helmut Tervooren. 38., erneut rev. Aufl., Stuttgart 1988.

Neidhart-Lieder. Texte und Melodien sämtlicher Handschriften und Drucke. 3 Bände. Hrsg. von Ulrich Müller, Ingrid Bennewitz, Franz Viktor Spechtler, Berlin/Boston 2007.

Das Nibelungenlied. Nach der Ausgabe von Karl Bartsch hrsg. von Helmut de Boor. 22., rev. und von Roswitha Wisniewski erg. Aufl., Nachdr., Wiesbaden 1996.

Das Nibelungenlied. Mittelhochdt./Neuhochdt. Nach der Handschrift B. Hrsg. von Ursula Schulze. Ins Neuhochdt. übers. und komm. von Siegfried Grosse, Stuttgart 2011.

Novellistik des Mittelalters. Hrsg., übers. und komm. von Klaus Grubmüller. 2. Aufl., Berlin 2014.

Die Lieder Oswalds von Wolkenstein. Unter Mitwirkung von Walter Weiß und Notburga Wolf hrsg. von Karl Kurt Klein. Musikanh. von Walter Salmen. 3. neubearb. und erw. Aufl. von Hans Moser, Norbert Richard Wolf und Notburga Wolf, Tübingen 1987.

Otnit. Wolf Dietrich. Frühneuhochdeutsch/Neuhochdeutsch. Hrsg. und übers. von Stephan Fuchs-Jolie, Victor Millet, Dietmar Peschel, Stuttgart 2013.

Otte: Eraclius. Deutsches Gedicht des dreizehnten Jahrhunderts. Hrsg. von Harald Graef, Straßburg 1883.

Otto IV. von Brandenburg: Uns kumt aber ein liehter meie (C 4 5). Hrsg. von Stephanie Seidl, in: Lyrik des deutschen Mittelalters, online hrsg. von Manuel Braun, Sonja Glauch und Florian Kragl. Veröffentlicht seit 01.01.2019 / Fassung vom 07.02.2019.

Pfaffe Konrad: Rolandslied. Mittelhochdeutsch/Neuhochdeutsch. Hrsg., übers. und komm. von Dieter Kartschoke, Stuttgart 1996.

Pfaffe Lambrecht: Alexanderroman. Mittelhochdeutsch/Neuhochdeutsch. Hrsg., übers. und komm. von Elisabeth Lienert, Stuttgart 2007.

Priester Wernher: Maria. Bruchstücke und Umarbeitungen. Hrsg. von Carl Wesle. 2. Aufl. bes. durch Hans Fromm, Tübingen 1969.

Rudolfs von Ems Weltchronik. Aus der Wernigeroder Handschrift. Hrsg. von Gustav Ehrismann, Berlin 1915.

Rudolf von Ems: Barlaam und Josaphat. Hrsg. von Franz Pfeiffer. Nachdr., Berlin 1965.

Sachs, Hans: Band 15. Hrsg. von Adelbert von Keller und Edmund Goetze, Tübingen 1885.

Der Stricker: Daniel von dem Blühenden Tal. Hrsg. von Michael Resler, Tübingen 1983.

Der Stricker: Karl der Große. Hrsg. von Johannes Singer, Berlin/Boston 2016.

Der Stricker: Erzählungen, Fabeln, Reden. Mhd./Nhd. Hrsg., übers. u. komm. von Otfrid Ehrismann, Stuttgart 1992.

(Thomasin von Zerklære: Der Welsche Gast) Der wälsche Gast des Thomasin von Zirclaria. Zum ersten Male hrsg. mit sprachlichen und geschichtlichen Anm. von Heinrich Rückert, Quedlinburg/Leipzig 1852.

Ulrich von Liechtenstein: Frauendienst. Hrsg. von Franz Viktor Spechtler, Göppingen 1987.

Ulrich von Liechtenstein: Frauendienst. Roman. Aus dem Mittelhochdeutschen ins Neuhochdeutsche übertragen von Franz Viktor Spechtler, Klagenfurt 2000.

(Ulrich von Türheim: Tristan) Das Tristan-Epos Gottfrieds von Straßburg mit der Fortsetzung des Ulrich von Türheim. Hrsg. von Wolfgang Spiewok, Berlin 1989.

Ulrich von Zatzikhoven: Lanzelet. Text – Übersetzung – Kommentar. Studienausgabe. Hrsg. von Florian Kragl, Berlin/New York 2009.

Wagner, Richard: Der Ring des Nibelungen. Ein Bühnenfestspiel für drei Tage und einen Vorabend. Erster Tag: Die Walküre. Textbuch mit Varianten der Partitur. Hrsg. von Egon Voss, Stuttgart 1997.

Walther von der Vogelweide: Leich, Lieder, Sangsprüche. Hrsg. von Christoph Cormeau. 14. völlig neubearb. Aufl. der Ausg. Karl Lachmanns, Berlin 1996.

Walther von der Vogelweide: Werke. Gesamtausgabe. Band 2: Liedlyrik. Mittelhochdeutsch/Neuhochdeutsch. Hrsg., übers. und komm. von Günther Schweikle. 2., verb. und erw. Ausg. hrsg. von Ricarda Bauschke-Hartung, Stuttgart 2011.

Wernher der Gärtner: Helmbrecht. Mittelhochdeutsch/ Neuhochdeutsch. Hrsg. von Karl-Heinz Göttert, Stuttgart 2015.

Wigamur. Kritische Edition – Übersetzung – Kommentar. Hrsg. von Nathanael Busch, Berlin 2009.

Wirnt von Grafenberg: Wigalois. Text der Ausgabe von J.M.N. Kapteyn. Übers., erl. und mit einem Nachwort versehen von Sabine Seelbach, Ulrich Seelbach, Berlin 2005.

Wolfram von Eschenbach: Parzival. Studienausgabe. Mittelhochdt. Text nach der sechsten Ausgabe von Karl Lachmann. Übersetzung von Peter Knecht. Mit Einführungen zum Text der Lachmannschen Ausgabe und in Probleme der „Parzival"-Interpretation von Bernd Schirok. 2. Aufl., Berlin/New York 2003.

Wolfram von Eschenbach: Titurel. Hrsg., übers. und mit einem Stellenkommentar sowie einer Einführung versehen von Helmut Brackert, Stephan Fuchs-Jolie, Berlin 2003.

Wolfram von Eschenbach: Willehalm. Text und Übersetzung. Text der Ausg. von Werner Schröder. Übers., Vorw. und Reg. von Dieter Kartschoke. 3. durchges. Aufl., Berlin 2003.